EL CUBO DEL LÍDER

EL MÉTODO PARA ENCONTRAR EL LÍDER QUE LLEVAS DENTRO Y HACERLO CRECER

SALVADOR MOLINA • JAVIER HERNANDO • JOSÉ LUIS ZUNNI

KOLIMA BOOKS

Categoría: Directivos y líderes
Colección: Liderazgo con valores

Título original: *El cubo del líder. El método para encontrar el líder que llevas dentro y hacerlo crecer*

Primera edición: junio 2020
© 2020 Editorial Kolima, Madrid
www.editorialkolima.com

Autores: Salvador Molina, Javier Hernando y José Luis Zunni
Dirección editorial: Marta Prieto Asirón
Maquetación de cubierta: Sergio Santos Palmero
Maquetación: Carolina Hernández Alarcón
Colaboración: María Gabriela Lovera

ISBN: 978-84-18263-26-2

ÍNDICE

PRÓLOGO

18 de enero de 2017. Amanece un frío día en Davos, en el cantón suizo de los Grisones.

Pero alguien va pronto a calentar, y mucho, el ambiente. Alguien que se estrena en el Foro de Davos, que es como se conoce al Foro Económico Mundial, que reúne desde 1991 a los principales líderes mundiales.

Y este alguien es Xi Jinping, presidente de la República Popular China desde marzo de 2013, a la par que Secretario General del Comité Central del Partido Comunista chino.

Pero Xi Jinping no va a alabar los beneficios del marxismo-leninismo ni de los modelos políticos comunistas, sino que aprovecha la plataforma que se le brinda para anunciar que su país, China, pretende convertirse en el líder mundial de la globalización y el libre comercio, para lo que promoverá la liberalización del comercio y exigirá la eliminación de cualquier proteccionismo.

Los asistentes no dan crédito a lo que oyen. Se preguntan los unos a los otros para verificar que han escuchado bien y que no están soñando.

No es posible que esas palabras procedan del dirigente de un país oficialmente comunista. Solo las entenderían en boca de un líder capitalista, como así había venido sucediendo durante decenios.

Pero si alguien se queda estupefacto es Donald John Trump, quien, a dos días de convertirse en el 45º presidente de EEUU tras ganar unas reñidas elecciones, recibe la primera convulsión de una batalla por el trono mundial que no le va a dejar de perseguir, privándole de muchas horas de sueño, convertida en su principal obsesión.

Trump, y con razón, no entiende nada. ¿Cómo es posible que China pretenda abanderar una neoglobalización cuando la globalización actual es obra de Washington, quien la ha modelado y liderado prácticamente a capricho?

Tan pronto como se sienta en el Despacho Oval, Trump reúne a sus principales asesores y a los representantes de los servicios de Inteligencia para que le expliquen lo sucedido.

Sí, le dicen sus asesores, China ha sabido ser la gran beneficiada de la globalización «americana». Con este país se han cometido grandes errores estratégicos, desde el menosprecio, fruto de la prepotencia y soberbia del que se cree omnipotente e inmortal, hasta la deslocalización de empresas de alta tecnología, atraídas por los bajos salarios y los menores derechos laborales existentes en el país asiático.

Además —y a pesar de las reiteradas advertencias de los servicios de Inteligencia en sus periódicos informes sobre la amenaza que para el predominio mundial de EEUU iba a significar China a medio plazo—, los antecesores en el cargo, George W. Bush y Barak Obama, estuvieron demasiado centrados en las contiendas enmarcadas en la «guerra contra el terror», ignorando el desmedido crecimiento, no replicable por ningún otro país, de China, convertido ahora en imparable.

Pero Trump, cuyo fuerte no es la Historia, quiere saber más, sigue sin entenderlo. Y se lo explican con detalle.

Efectivamente, EEUU hereda la anterior globalización —siempre relacionada con la economía, por más de que también existan otros componente culturales e ideológicos— que había liderado el Reino Unido durante casi dos siglos.

El punto de partida fue la cumbre de Bretton Woods, la Conferencia Monetaria y Financiera de Naciones Unidas, celebrada en el hotel Mount, en Bretton Woods (New Hampshire, EEUU) del 1 al 22 de julio de 1944, antes incluso de que finalizara la Segunda Guerra Mundial.

Con la presencia de 44 países, en ella se fijaron las reglas de las relaciones comerciales y financieras mundiales que iban a regir el mundo a partir de entonces, anunciando, entre otras cosas, el fin proteccionismo y promocionando un librecambismo que debería servir para establecer y mantener la paz mundial.

Washington aprovecha su situación privilegiada para imponerse y marcar las pautas. En ese momento su PIB significaba el 50% del mundial –con apenas el 7% de la población–, había acumulado gran capital y tenía claro que iba a ser la mayor economía mundial tras la guerra, una vez desembarazado de sus principales rivales industriales.

Así, EEUU se marca como objetivos una liberalización del comercio mundial que facilite sus exportaciones y le permita el acceso a las esenciales materias primas –mediante un proceso de neocolonización–, y penetrar y dominar mercados, sin que exista la menor restricción a los flujos financieros.

Una de sus medidas estrella consiste en imponer su moneda, el dólar, como moneda de referencia internacional, estableciendo el patrón-dólar vinculado al oro (35 dólares la onza), llevando a que los demás países fijen sus monedas al dólar, «dolarizando» así la economía mundial.

De paso, crea lo que van a ser sus grandes instrumentos geoeconómicos hasta la fecha: el Banco Mundial y el Fondo Monetario Internacional, añadiendo en 1948 la Organización Mundial del Comercio.

Ese patrón-oro se mantendrá hasta el 15 de agosto de 1971, cuando el presidente Nixon, presionado por el descomunal gasto que significaba la Guerra de Vietnam, comienza a imprimir más dólares que las reservas de oro guardadas en Fort Knox, por lo que decide impedir conversiones dólar-oro, abandonando dicho patrón.

Cierto es que, una vez acabada la guerra, EEUU tiene su gran rival geopolítico en la Unión Soviética, que sigue principios alejados del capitalismo.

La situación cambia en 1991 con la desaparición, por diversos motivos, de la Unión de Repúblicas Socialistas Soviéticas, quedando EEUU como dueño y señor absoluto del planeta.

Y quizá fue esta situación de absoluto poder mundial lo que le hizo dormirse en los laurales y no prever debidamente el auge de China.

Lo cierto es que China no llamaba especialmente la atención hace apenas veinte años. En esos momentos su principal fortaleza era la fabricación de productos de bajo valor añadido y como mucho se limitaba a copiar la tecnología procedente de los principales países. De hecho, en el año 2000 tan solo presentaba el 1% de las patentes mundiales.

En ese mismo año, el PIB de China apenas significaba el 3% del mundial, ocho veces inferior al de EEUU, la cuarta parte del de Japón y la mitad que el alemán.

De las 500 principales corporaciones del mundo, tan solo diez eran chinas, mientras que 180 eran estadounidenses, 100 japonesas y 40 alemanas.

Lo que para muchos occidentales pasó desapercibido fue que lo que ahora estaba sucediendo no era ni mucho menos casualidad, sino fruto de un plan a largo plazo perfectamente diseñado e implementado con astucia.

Se puede decir que todo comenzó con la llegada de Deng Xiaoping a la presidencia de China en 1978. Con una visión largoplacista propia de la mentalidad oriental, Deng Xiaoping llevó a cabo una serie de medidas que han tomado forma, se han materializado, en los últimos años.

Por ejemplo, animó a los chinos más capacitados a ir a estudiar y trabajar al extranjero para aprender su ciencia y tecnología, con la idea de que algún día regresaran y fueran útiles al desarrollo del país. «Cuando nuestros miles de estudiantes chinos regresen a la patria veremos la transformación de China».

Pero fue más allá. Teniendo muy claro que un país solo puede ser fuerte de verdad si tiene una economía solvente, Den Xiaoping optó por cambiar por completo el paradigma socioeconómico. Sus frases, escuchas en sus discursos o leídas en sus tratados, no pueden ser más evocadoras e ilustrativas: «el socialismo y la economía de mercado no son incompatibles»; «el socialismo no es lo mismo que pobreza compartida»; «la economía de mercado también tiene lugar bajo el socialismo»; «no debemos temer adoptar los avanzados métodos de gestión que se aplican en los países capitalistas»; «la esencia misma del socialismo es la liberación y el desarrollo de los sistemas productivos». Todo lo que resumió en la gran sentencia: «¡Enriquecerse es glorioso!».

A no pocos de los que le escucharon o leyeron les pareció algo así como un chiste. Aquello no encajaba de ningún modo con los más básicos principios comunistas.

Lo que venía de decir Deng Xiaoping era que «No importa que el gato sea blanco o negro; mientras pueda cazar ratones es un buen gato». Lo dicho, muchos lo tomaron a broma.

Lo único cierto es que las ideas no tardaron en materializarse. Ya en 1978 lanzó la «estrategia de las cuatro modernizaciones», dando prioridad a la ciencia y la tecnología para desarrollar el país y creando las bases de la reforma económica que lanzó a China a la senda del crecimiento económico de las siguientes décadas.

Las cuatro primeras zonas económicas especiales se crearon en 1980 en Xiamen, Shantou, Shenzhen y Zhuhai.

De este modo, en los últimos años China ha ido creciendo por encima del 9%, sacando de la pobreza a más de 400 millones de personas. Baste decir que sus exportaciones a

EEUU aumentaron un 1.600% en los últimos quince años, o que entre 2005 y 2016 el total de sus exportaciones crecieron más de un 179%

Los estudiantes chinos se han ido esparciendo masivamente por todo el mundo en los mejores centros. Solo en EEUU, en el curso escolar 2016-2017 llegó a haber 350.000 estudiantes en colegios y universidades.

Así hasta llegar al momento actual, al menos antes del surgimiento de la pandemia del coronavirus.

Los ejemplos son verdaderamente apabullantes y hacen comprensible la preocupación de la Casa Blanca.

China acapara más del 50% del mercado del comercio electrónico global. Es el principal exportador a la mayoría de los países.

En 2018 creó 100 «empresas unicornio» (*startup* con un valor de más de 1.000 millones de dólares), muchas de ellas dedicadas a la Inteligencia Artificial. (Para comparar, baste decir que en el mismo período en el conjunto de la Unión Europea se crearon 14).

Ha dejado de ser el país que copia para pasar a inventar. Según la Organización Mundial de la Propiedad Intelectual, dependiente de Naciones Unidas, en 2018 China solicitó casi la mitad de las patentes (46%); le siguieron EEUU con un 18%, y Japón, con un 9,4%.

En 2018 su PIB ya era el 15% del mundial, solo un 25% inferior al de EEUU, y el triple que el de Japón o Alemania.

La nacionalidad de las principales corporaciones mundiales también cambió. De entre las 500 que encabezan la lista, 129 ya son chinas, habiendo quedado las estadounidenses en 121, las japonesas en 52 y las alemanas en 29.

Los bancos chinos también han ido escalando las primeras posiciones por valor de capitalización bursátil. En septiembre de 2019, de los diez más importantes la mitad ya eran chinos, por cuatro de EEUU –si bien es cierto que el primero, el JP Morgan, es un verdadero gigante que destaca por encima de los demás– y uno británico (HSBC).

En estas dos últimas décadas, las empresas tecnológicas chinas han ido replicando a las norteamericanas de una forma impresionante. El grupo conocido como las BATX (Alibaba –comercio electrónico–, Tencent –proveedor de servicio de Internet–, Baidu –motor de búsqueda– y Xiaomi –móviles–), representan casi el 35% del PIB de China.

Por lo que respecta a los pagos digitales, hay un uso masivo por los consumidores chinos, que realizan a través del móvil doce veces más transacciones que los estadounidenses.

En el importante ámbito de lo que se conoce como STEM, por sus siglas en inglés (Ciencia, Tecnología, Ingeniería y Matemáticas), China es el país que genera más graduados en estas materias, es el mayor productor de artículos científicos del mundo en términos absolutos, y la Universidad Tsinghua, en Pekín, lidera los índices de artículos más citados sobre matemáticas y computación.

Además de las gigantescas inversiones en las más conocidas Rutas de la Seda terrestre y marítima, en la digital ha invertido desde 2013 más de 10.000 millones de dólares para proyectos de comercio electrónico y pagos por móvil, y más de 7.000 millones de dólares para desplegar redes de telecomunicaciones y fibra óptica, lo que ha generado una creciente preocupación por parte de EEUU ante posibles implicaciones de ciberseguridad.

En el importantísimo ámbito de la Inteligencia Artificial, China pretende ser el líder mundial en 2030, y para ello ha desplegado la estrategia más ambiciosa e invertido la mayor cantidad de recursos (su plan es invertir 130.000 millones de dólares hasta 2030).

Sus logros científicos conocidos son igual de sorprendentes: nacimiento de dos bebés modificados genéticamente resistentes a contraer VIH; clonación de primates; importantes avances en el campo de las células madre; conseguir que germine una semilla de algodón en la cara oculta de la luna; crear híbridos de cerdo y mono, etc.

Y todavía no se ha mencionado al gigante Huawei, líder mundial de equipos 5G. Presente en 170 países, tiene 200.000 empleados. Desde al menos 2012, las telecomunicaciones de una tercera parte del mundo emplean sus soluciones de antenas, cables y armarios de conexiones. Ha pasado de vender 20 millones de teléfonos en 2011 a 250 millones en 2019.

En este contexto, China abarca el 75% de la producción y el 30% de las ventas de *smartphones*, estrategia que es parte del «Made in China 2025», con la que pretende convertirse en el gran líder tecnológico mundial.

Otro plan muy relevante es el «Programa de los Mil Talentos», mediante el cual capta a muchos de los mejores investigadores de origen chino expatriados, y también a extranjeros, ofreciendo excelentes puestos, salarios muy altos y cuantiosos recursos para sus investigaciones.

Y si se habla del mundo eléctrico al que parecemos abocados, China también lo va a dominar, pues ya es el primer productor de energía solar, fabrica el 60% de baterías del mundo, cuenta con la mayor planta de energía solar del planeta en un valle gigantesco, y también con la planta solar flotante más grande. Por si fuera poco, produce más coches eléctricos que el resto del mundo junto.

En definitiva, China tiene un plan: marcar el nuevo rumbo económico planetario. Eso sí, aplicando la estratagema que decía Deng Xiaoping: «Observemos con calma; aseguremos nuestra posición; manejemos los asuntos tranquilamente; escondamos nuestras capacidades y aguardemos nuestro momento; seamos buenos en mantener un perfil bajo; y jamás proclamemos el liderazgo».

Pero, como dijo, Napoleón Bonaparte en 1804, «Cuando China despierte,   el mundo temblará».

Y ya ha temblado. El Dragón ha despertado y parece imparable. El susto de EEUU y las actitudes histriónicas de Trump son comprensibles. El trono mundial puede cambiar en breve de manos. Por supuesto, Washington no va a dar el brazo a torcer, por lo que se auguran tiempos revueltos.

Lo que está claro es que China ha entendido que no se puede dominar el mundo sin dominar la economía, para lo que es esencial la superioridad en innovación, ciencia y tecnología. Y lo cierto es que su estrategia a largo plazo les ha funcionado, por lo menos de momento, y a la espera de la reacción estadounidense, que no dudará en apoyarse en el conjunto del mundo anglosajón.

La crisis provocada por la pandemia del coronavirus ha venido a agudizar este enfrentamiento entre las dos grandes potencias, y el desenlace dista mucho de ser previsible. Puede ocurrir cualquier escenario: desde que EEUU emplee todas sus muchas bazas para impedir ser superado por su rival a que China claramente aproveche la ocasión para sacar la ventaja definitiva, o que el mundo vuelva a ver un planeta dividido en dos bandos, cada uno con sus áreas de influencia, en una especie de renovada Guerra Fría.

Como este libro trata sobre aspectos relacionados con el liderazgo, este panorama tan sumamente incierto, a la vez que preocupante, requiere de líderes con alta formación, capacidad y eficacia, dotados de mente abierta que prevea incluso lo más inesperado. Conocer las claves geopolíticas que rigen el mundo es esencial, pues al final son las que van a condicionar las políticas nacionales. Por ello, los nuevos líderes deben levantar la cabeza y ser capaces de interpretar lo que sucede, incluso en las grandes lejanías.

En tiempos de máxima incertidumbre, las sociedades exigen ser lideradas por personas excepcionales, que persigan el bien común por encima de todo. De otro modo nunca podrán prestar el servicio para el que son reclamados. Y este libro es una gran ayuda para conseguirlo.

Coronel Pedro Baños
Analista geopolítico
Autor de *Así se domina el mundo* y *El dominio mundial*
Madrid, mayo de 2020

PREFACIO

LIDERAR EN TIEMPOS DE INCERTIDUMBRE

El libro que tiene entre sus manos (o en su e-book) estaba camino de la editorial cuando la pandemia nos azotó con una severidad que nunca hubiéramos imaginado y cambió nuestro día a día de forma radical.

Ahora que se vislumbra la luz al final del túnel son muchas las voces que claman por volver al mundo que teníamos, al momento en que empezó la hibernación.

Los autores, como todos, sufrimos la dureza del confinamiento, de la tragedia en forma de vidas humanas, de las dramáticas consecuencias económicas y del desgaste emocional que a todos nos afecta. Pero pensamos que ojalá no volvamos al punto de partida sino que aprovechemos el momento para romper con viejos paradigmas que se han demostrado inválidos y que construyamos una realidad mejorada que dé respuestas a sus problemas.

En este libro encontrará las bases del liderazgo, esas herramientas que, por ejemplo, en una decisión histórica, José María Álvarez-Pallete, presidente de Telefónica, tomó poniéndose por delante del resto de muchas corporaciones mundiales.

Liderando uno de los mayores grupos empresariales de España y de las mayores «telecos» del mundo, movía ficha en la tarde del 14 de marzo de 2020 como líder de una de las corporaciones propietaria de las infraestructuras estratégicas más sensibles del país.

En esas horas anunciaba un paquete de medidas adoptadas por la compañía líder en soporte de telecomunicaciones de España para hacer frente a los efectos de la pandemia, y, entre otras, asumió el compromiso con todos sus clientes del producto Fusión (telefonía fija, móvil, televisión y datos) y de los clientes Movistar (móviles) de aumentarles sin ningún coste la capacidad en 30 gigabytes adicionales en sus teléfonos móviles durante dos meses para poder soportar el teletrabajo que se venía encima.

Además, y pensando en grandes y pequeños de los hogares sin colegio, se comprometió a ampliar la oferta de entretenimiento infantil televisivo de forma gratuita. Fue un mensaje personal del líder, del presidente de Telefónica. Lo hizo por redes sociales. Dio la cara en un momento difícil de incertidumbre en España y en todo el mundo.

No tuvo miedo (o sí), el líder de Telefónica el viernes negro del 13 de marzo de 2020. Pero lo que sí tuvo fue velocidad de respuesta. Porque el miedo puede ser de dos tipos: un miedo paralizante prehistórico que evita que la fiera nos descubra y nos coma, pero también puede ser ese miedo del siglo XXI que estimula a reaccionar con mayor lucidez, intensidad y velocidad.

Y en los sucesivos días, todas las compañías tecnológicas, informáticas, de telecomunicaciones, de Internet... se vieron obligadas a hacer movimientos parecidos prometiendo soluciones gratuitas o *low cost* en teleconferencias.

Pilar López, la presidenta de Microsoft, también salió a las redes sociales a prometer acceso gratuito a Teams, su aplicación de teletrabajo para empresas y colegios. Luego llegaron los compromisos de SAP, HP, Google, Facebook y tantas otras. La tendencia ya estaba creada.

Liderar en tiempos de incertidumbres nos pone a prueba a todos. Esto no va de líderes del Fortune 500 o del Ibex-

35. Esto va de liderar equipos profesionales, deportivos, empresariales o asociativos.

Pero también va de gestionar mi vida, mi familia, mi entorno. Un liderazgo basado en el autoconocimiento y la proyección de la vida interior a la vida pública, social y profesional. No podemos dar a los demás aquello que no tenemos dentro. ¿Lo buscamos juntos? Este libro lo hemos creado con la finalidad de ser una guía.

Porque el Covid-19 habrá pasado en su primera ola en no más de dos o tres meses, pero seguramente habrá rebrotes, o incluso otro tsunami hacia el otoño o el invierno. Sin embargo, se supone que ya estaremos más preparados para enfrentar a un posible Covid-20.

Revisemos algunos de los escenarios que coexisten en el presente y que también deben ayudarnos a discernir cuáles deberán ser los escenarios que ayudemos a crear en el corto plazo:

- Más de un 25% de la población de los países desarrollados es consumidora habitual de antidepresivos y ansiolíticos.

- El deterioro medioambiental generado es dramático, como demuestra el estudio publicado por el Panel Intergubernamental del Cambio Climático (IPCC) en octubre de 2018, formado por casi 200 brillantes científicos de cuarenta países, quienes, en base a más de 6.000 estudios académicos, dibuja un escenario de crisis absoluta para el año 2040.

- El paradigma de la creación de valor para el accionista como único *driver* de los negocios se ha demostrado insuficiente e insostenible. Larry Fink, presidente de Blackrock, la mayor gestora de fondos del mundo, ha dejado muy claro este punto en la famosa carta que ha dirigido a sus inversores.

- Hemos asumido como normal un modelo de crecimiento infinito en un mundo finito, un crecimiento que además ha agudizado la desigualdad en muchas sociedades y la tremenda concentración de poder en unas pocas grandes corporaciones tecnológicas. Según Ayuda en Acción, las veintiséis grandes fortunas del mundo acumulan tanta riqueza como los 800 millones de personas más pobres.
- Pirámides de reconocimiento social invertidas o, al menos desequilibradas, que han vuelto replantearse y reajustarse durante la crisis sanitaria y que ojalá se mantengan a futuro.

Podríamos enumerar muchos más factores, pero creemos que estos son suficientes como para evidenciar que no basta con «volver al mundo de antes». No pretendemos abordar ni dar respuesta a estas cuestiones en este libro, pero sí que queremos preguntarnos: ¿qué vamos a hacer para contribuir a conseguir esa realidad mejorada, tanto a nivel individual como de los equipos que gestionamos? Ahí es donde esperamos aportar nuestro granito de arena con este libro, con el método del cubo.

Hablamos de herramientas, y especialmente de la actitud frente a los retos. Porque a pesar de lo que los líderes políticos nacionales e internacionales puedan decir, no son los gobiernos los que abren las economías, sino las organizaciones, sus líderes y empleados.

Nos encontraremos en este año 2020 con muchas empresas que no habrán podido continuar, especialmente en el sector minorista. Habremos sumado decenas de miles de personas al paro, pero habrá que liderar mejor que nunca la incertidumbre y lo que hemos definido los autores desde el Foro Ecofin como la «nueva normalidad».

En esta guía que le proponemos podrá encontrar ejemplos de líderes que, frente a determinadas cuestiones, han dado una solución creativa, y comprender lo que proponemos le servirá para enfrentar situaciones similares.

Como Peter Newell, CEO de BMNT, una compañía de innovación y resolución de problemas que atiende principalmente a grandes empresas y agencias gubernamentales; a medida que el mundo comenzó a cerrarse en respuesta al coronavirus, el ritmo de su compañía solamente aumentó; los clientes querían ayuda para descubrir cómo adaptarse y trabajar en un entorno posterior a Covid.

Creemos que profundizar en *El Cubo del Líder*, además de permitirle encontrar herramientas, con algunas de las cuales ya estará familiarizado, le energizará mentalmente para asumir con determinación las decisiones que cree conveniente tomar en la etapa post Covid-19.

Hay ejemplos más que elocuentes, como el de Elon Musk, que en mayo pasado fue titular en los medios de comunicación porque el estado de California le permitió reabrir la fábrica de Tesla en Fremont. Lo anecdótico –pero no menos relevante en el ámbito del liderazgo efectivo– es que amenazó con abandonar el estado si no podía hacerlo. Finalmente, el condado de Alameda cedió ante Musk, diciéndole al empresario multimillonario que la compañía debía mantener operaciones mínimas.

Cuando Mark Smith, experto en Recursos Humanos de la Grenoble École de Management, afirmaba en mayo pasado que «la forma en que se entiende, experimenta y maneja la crisis de salud mundial relacionada con el coronavirus, nos permite tener una nueva visión de las dimensiones sociales, culturales y de gobierno de nuestras sociedades», nos está advirtiendo que la pandemia sanitaria ha servido durante el primer semestre de 2020 para revisar los modelos culturales y de gobernanza de países y áreas de todo el mundo.

Y desde este enfoque surge un análisis crítico, que perfectamente encaja en los objetivos de esta obra. Porque el cubo le permitirá hacer una mejor aproximación a lo que se considera, por ejemplo, gestión de una crisis, o cómo enfrentarse a un conflicto de equipo, pero especialmente recurrir al pensamiento positivo y a una muy buena gestión de las emociones.

¡Bienvenido! ¡A qué espera para entrar y ejercitar el método del cubo!

Los autores
Madrid, junio de 2020

GUÍA DE LECTURA
VEN A BUSCAR EL LÍDER
QUE HAY EN TI

Cada uno tiene marcado en su interior su propio sendero. Este libro solo iluminará con nuevas luces un camino que ya has andado y desandado muchas veces a lo largo de tu vida. Pero nunca como esta vez.

Todo hombre busca un oráculo que le diga lo que va a suceder y qué tiene que hacer para conseguirlo. Es lo más cómodo, lo más sencillo. Un *coach* o un maestro que desde su cátedra nos trate como pupilos y nos monitorice con lecciones, lecturas, recetas, *rankings* y decálogos de lo que hay y no hay que hacer. ¡Qué fácil!

Muchos siglos antes del nacimiento de Jesucristo, los griegos acudían a preguntar al Oráculo de Delfos. Un aforismo griego inscrito en el pronaos del templo de Apolo en Delfos daba su única receta: «*Conócete a ti mismo*» (γνῶθι σεαυτόν). Y es ahí, a partir de la introspección, el conocimiento, la autenticidad y la potenciación de nuestro ADN positivo desde donde conseguiremos desarrollar un modelo único de liderazgo efectivo.

Claro que hay que adquirir competencias y habilidades, pero el corazón de bellota es una semilla insertada en nuestro interior y solo nosotros somos responsables de que de ella nazca un imponente roble o una débil carrasca. ¿Qué quieres ser, un roble noble o una planta rastrera?

Nos empeñamos en buscar lo que deberíamos ser, cuando realmente lo que más efectivo para liderar es potenciar lo que ya somos. Conócete, defínete, potencia aquello que mejor se te da y conviértelo en la virtud esencial de tu propio modelo de liderazgo. El mascarón de proa de nuestra fórmula del éxito está dentro de nosotros. Bucear al interior no es sencillo; exige técnicas, habilidades y un gimnasio permanente de desarrollo emocional. Iniciemos ese viaje juntos.

Las competencias emocionales no solo son importantísimas para ejercer un liderazgo moderno y flexible, más humano y que potencie la cohesión de equipos, sino que se convierten en decisivas a la hora de configurar cuáles son los verdaderos valores y principios que subyacen en el mapa mental que todos tenemos. Aquel al que, queramos o no, recurrimos de manera inconsciente para reaccionar frente a un problema, asumir la responsabilidad de una decisión, o simplemente discutir con el equipo cuál es la nueva visión que debe tenerse desde la organización si se quiere seguir siendo competitivo en el mercado.

Hemos nacido en un mundo mutante. La sociedad, la cultura, la empresa, los jóvenes, el transporte, las comunicaciones, los hábitos de consumo, las relaciones... todo es mutante. Nuestros abuelos se volverían a la tumba del susto si resucitaran por un instante. Nuestros hijos hablan un lenguaje que cuesta entender. La economía colaborativa da jaque mate al capitalismo basado en el lucro. El talento y las personas sustituyen al dinero, las máquinas o los recursos naturales como el bien más valioso de cualquier organización, país, universidad, fábrica o empresa.

En un momento de eclosión de la cultura y la sociedad digital tenemos una oportunidad añadida para incorporarnos a ella con un perfil renovado. Porque hay nuevos modos de liderar, de gestionar, de dirigir. Los ciudadanos de a pie buscamos nuevos valores, nuevas creencias, nuevos sentimientos de pertenencia. La tecnología no lo es todo; es solo el reactivo, el acelerador del *perpetuum mobile* en el que estamos imbuidos.

En la primera parte de este libro vamos a intentar ayudarte a definirte a ti mismo. A conocerte mejor respecto a quién crees y quién creen los demás que eres. Hay muchos perfiles de líderes y tú debes encontrar el tuyo: autoritario, pacificador, perfeccionista, ayudador, triunfador, artista, intelectual, leal, entusiasta...

Luego te llevaremos al gimnasio de nuestra metodología, nacida de una experiencia personal pero resistente a las pruebas de esfuerzo, resiliencia y validación. Entrarás en nuestro cubo y experimentarás nuevas realidades que te pueden ayudar a definirte, fortalecerte y avanzar en la escalera del éxito personal.

Por último, te acercaremos los mejores modelos de liderazgo, útiles para la sociedad mutante de la que hablábamos. No vamos a hacer un compendio de la doctrina publicada, sino una síntesis de aquellos paradigmas útiles que sirvan para transitar con el nuevo rol que definiremos en los primeros capítulos.

Así pues, esperamos serte útiles y ayudar a reinventarse a miles de líderes del siglo XXI que, como tú, tienen que resetearse en la sociedad, en la empresa, en la profesión y en la vida.

Toma asiento. ¿Ya comiste tus habichuelas mágicas? ¿Listo para crecer?

Despegamos. ¡Adelante!

INTRODUCCIÓN

UN PASEO POR EL LIDERAZGO ACTUAL

Le invitamos a dar un paseo frente a un gran espejo. Podrá notar con satisfacción la fidelidad de su «yo» proyectado. Si va a la derecha, su imagen le sigue. Si se agacha, ella se agacha, y si salta, ella pega un brinco. Pero esa imagen fiel de usted mismo es mimetismo, obligación, resultado necesario, matemáticas y óptica. Eso no tiene ningún mérito. Eso no es liderar, ni a los demás, ni a uno mismo.

«Los líderes que trabajan más efectivamente, nunca dicen 'yo' –ha escrito el gurú Peter F. Drucker–. Y no es porque se hayan entrenado para ello. Sencillamente, piensan en plural. No piensan en 'yo'. Ellos piensan en 'nosotros', piensan en 'equipo'. Entienden que su trabajo es hacer que el equipo funcione. Aceptan la responsabilidad y no la evitan pero 'nosotros' recibimos el crédito. Esto es lo que crea confianza, lo que les permite realizar la tarea».

¡De cuántas maneras diferentes podríamos hacer un paseo por el liderazgo actual! Si busca en Google la palabra liderazgo, surgirán cientos de miles de referencias, que además se abren en otras tantas si también agregamos términos como eficiente, transaccional, situacional, del cambio, etc.

Creemos que el paseo al que le invitamos será un poco más cómodo si en esta obra nos limitamos a la menor cantidad de referencias posibles, a pesar de nuestro seguimiento escrupuloso de la permanente innovación que se produce en las diferentes corrientes doctrinarias del liderazgo. Será nuestro secreto, por aquello de la utilidad en función de la escasez de tiempo.

¿Cree de verdad que usted puede convertirse en un líder? ¿Está seguro de que tiene algunos de los más importantes atributos que se requieren para ello? En primer lugar, si quiere convertirse en un líder no necesita estar esperando un pequeño identificador de escritorio que diga que usted es líder. Pero sí puede comenzar a actuar, pensar y comunicarse como un líder mucho antes de que se genere el espacio de promoción y crecimiento personal que desea.

En el caso de que actualmente esté lejos de posiciones de liderazgo y sean otras personas las que tomen las decisiones, existen numerosas maneras de demostrar sus condiciones y su potencial.

Cuando se planifique y empiece a crear mentalmente ese escenario en el que desea actuar y por el cual se esfuerce en cumplir con sus objetivos, eso no solo le ayudará a desarrollar las habilidades necesarias y que empiecen a anidar en su personalidad atributos claros de liderazgo, sino que también aumentarán sus posibilidades de obtener la promoción que estaba esperando, porque la organización reconocerá que ya puede ir asumiendo responsabilidades de líder.

¿Qué se requiere para dar este paso? Saber aprovechar las oportunidades, esas tareas que otros no quieren hacer porque, por ejemplo, implican una hora más fuera del horario de trabajo. Pero ese esfuerzo adicional mueve el contador de todas las valoraciones que se hagan de su persona. La posición es lo de menos, si está demostrando ejercer funciones como líder. Al menos las personas de su departamento y el resto del personal de la empresa valorarán las nuevas responsabilidades que haya asumido, con independencia de la denominación del cargo, que vendrá *a posteriori*.

Cuando las tareas, los informes y las explicaciones en reuniones demuestran que los resultados del trabajo diario cumplen las exigencias de la Dirección, se ratifica su desempeño como líder, aunque aún no haya sido designado como tal. Al ofrecerse para nuevas iniciativas, especialmente para aquellas que podrían ser visibles para quienes están fuera de su departamento, dará al resto del personal, y especialmente a la Dirección, una idea de cómo va a actuar en posiciones de mayor responsabilidad e incluso con personas a su cargo. El entorno y las circunstancias van moldeando la piel del nuevo líder.

Si usted piensa que para esto tiene que demostrar logros extraordinarios, se equivoca. Es tan simple como facilitar una reunión que estaba siendo difícil de coordinar por las personas implicadas en ella, o hacer aportes en la misma que pongan en evidencia su capacidad para intervenir en nombre de la empresa en una negociación que se encuentra en vía muerta.

Demostrar su capacidad para asumir tareas o proyectos que implican una responsabilidad importante para la cual no hay otro candidato que tenga esa predisposición, supone no solo que la Dirección comprenda que lo que nadie quería abordar por fin hay alguien capaz de acometerlo, sino que es un cartel anunciador de que un nuevo líder no titulado está dando sus primeros pasos en la organización.

EQUIPOS Y PERSONAS, ¿QUIÉN ESTÁ PRIMERO?

El liderazgo actual no ofrece dudas al respecto: la persona es el activo. No menos importante es esto cuando varias personas de un equipo actúan de manera sincronizada y colaborativa.

Como el líder que usted cree que lleva dentro y quiere aprovechar la mínima oportunidad que se le brinde, canalice todas sus energías en el equipo y deje de lado sus apetencias personales. Cuando uno se focaliza en el equipo en lugar de poner a la persona en primer plano, se muestra humildad y compañerismo. Al mismo tiempo se tiene la seguridad de saber que se le están abriendo las puertas para pasar al siguiente nivel. Con su forma de actuar su capacidad de liderazgo se está demostrando.

Hágase un auto-examen:

- ¿Qué tipo de liderazgo es el más adecuado?
- ¿Con cuál es con el que se siente más cómodo?
- ¿Es usted un líder o lo ha sido alguna vez?
- ¿Se siente seguro de poder conseguirlo?
- ¿Se siente capacitado para ello?

En referencia a cuál es el estilo de liderazgo más adecuado, sea libre de elegir el tipo que más le convenga y decidir según sean las circunstancias. Pero el carril más directo hacia la meta de nuevo líder es aquel en el que converjan las preocupaciones personales con las de su equipo y su organización. La manera en la que se construye la personalidad de un nuevo líder pasa por la creencia firme de la Dirección y el resto de personal de que se es una persona en la que se puede confiar.

¿Qué es confiable? Que antepone los objetivos de la empresa y el equipo a los suyos personales. Demuestra ser ese líder que se gana a las personas. Genera seguidores porque también abre ilusiones y esperanzas en los nuevos proyectos acometidos, en los que participa con criterios gerenciales pero sin olvidar que es parte de un equipo. El respeto se gana con la entrega y la demostración de que se atienden objetivos al mismo tiempo que las cuestiones personales que sean planteadas.

En cuanto a si se siente líder o lo ha sido alguna vez, una respuesta positiva significa que hay mucha voluntad y también seguridad para ejercer como líder. La cuestión es ponerlo en práctica. Si la respuesta es no, igualmente tendrá la ocasión de descubrir al reflexionar al respecto que alguna vez en su vida, y en función de otras circunstancias, tuvo la oportunidad de actuar y sentirse un líder.

En definitiva, el rol de líder en algún momento de nuestras vidas lo ejercemos. La cuestión que debatimos es cuando queremos llegar a serlo y no lo somos aún, si tenemos las condiciones para ejercer como tal, además de si las circunstancias nos están abriendo la puerta para coronar nuestra meta. La prudencia es buena consejera para lanzarse a la carrera por el liderazgo.

CÓMO SE DESARROLLAN LOS LÍDERES PARA EMPRENDER EL CAMINO DEL ÉXITO

No vaya a pensar que en el caso de que usted haya sido fichado por una nueva empresa va a recibir algún tipo de capacitación para prepararlo para el éxito. ¡Claro que no! Esto está probado por estudios recientes, que señalan que más del 70% de los directivos en posiciones de liderazgo han tenido dificultades para adaptarse a la cultura organizacional y a las políticas. Pero, además, es unánime la opinión de líderes en nuevos puestos de responsabilidad de que no hubo procesos de capacitación y menos de adaptación a la nueva cultura corporativa. Al que se ficha en un puesto de responsabilidad se le supone esa capacidad de adaptación.

¿No le parece excesivo este ratio? Pues en realidad, cuando la persona entra a un nuevo puesto en una organización tendrá que emplearse a fondo en la adaptación a la cultura existente y adherirse a las líneas maestras impuestas por la Alta Dirección. La cuestión es que cuando al que se ficha es un líder para toda la organización es él quien transformará lo más rápido que pueda la cultura corporativa adecuándola a las necesidades que el entorno le está exigiendo y que la empresa no tomaba en consideración.

Si en los primeros momentos, días y semanas, se siente algo perdido, póngase en el lugar del equipo y/o personas a las que se supone que debe liderar porque igual andan aún más despistadas.

Ninguna organización invierte en nuevos líderes si hay dudas de si ese directivo será capaz de transitar ese camino hacia el éxito. Las empresas contratan líderes debido a su probada capacidad para gestionar. Las organizaciones esperan que los nuevos líderes lleguen y comiencen a actuar a su nivel máximo inmediatamente.

A los que ya tienen en su ADN la categoría de ser efectivos les tiene sin cuidado la capacitación. Porque la adaptación, conocer en profundidad la nueva organización y la forma en que esta opera, así como su actitud, les hace siempre tomar la iniciativa, gestionar de manera tal que tanto ellos como sus equipos se preparen para el éxito, sin generar un camino de dudas. Estos líderes diagnostican rápidamente su entorno, estudian, aprenden a orientarse y se adaptan a su nueva realidad. Establecen la visión de equipo formando y transmitiendo a los miembros cuál es su visión y por qué.

Estos primeros pasos de un líder efectivo se notan en las primeras decisiones que toman. Porque son capaces incluso de reconocer por sus nombres a personas de diferentes departamentos, y especialmente de sus equipos de apoyo. Este esfuerzo les es natural porque con la comunicación directa y efectiva que desde el primer día ponen en práctica demuestran que ninguna persona está excluida en su visión hacia el interior de la empresa. Que toda persona, esté en el puesto que esté, cuenta. Esto produce tan buena impresión que ayuda a establecer excelentes relaciones interpersonales.

QUIÉN JUEGA EN EL MEDIO CAMPO

Sabemos que un equipo de fútbol puede tener buena defensa y buenos delanteros, pero si no cuenta con un medio campo riguroso, que sepa jugar y establecer las tácticas adecuadas en función de cuál es el equipo al que se enfrenta, las posibilidades de ganar son escasas.

Del mismo modo, en las organizaciones, cuando el nuevo líder llega a su puesto quiere conocer inmediatamente con qué «medio campo» cuenta, o sea las personas críticas en los diferentes departamentos. Quiere ir rápido para que se vea que las decisiones se toman para dar respuesta inmediata a los problemas y a las demandas del mercado.

Aunque también los líderes efectivos son pacientes cuando llegan por primera vez y se dan cuenta de que un exceso de velocidad puede provocar lentitud posterior en el proceso de respuesta, especialmente si las trabas provienen de demoras en la toma de decisiones que deben ser aprobadas por el Consejo.

Esa paciencia está a su vez soportada por la experiencia que tengan en diagnosticar el entorno. Cuanta mejor capacidad de comprender el entorno, mejores serán las medidas que quieran implementar de entrada. Aprenden las políticas y procedimientos de la empresa simplemente observando, además de hacerlo en las reuniones con las personas clave.

PRIMERA PARTE
DESARROLLO PERSONAL DEL LÍDER

....

AUTO-LIDERAZGO

CAPÍTULO 1
BASES PARA EL DESARROLLO DE UN LIDERAZGO EFECTIVO

CÓMO DESARROLLAR LÍDERES FUERTES

Los campeones se forjan en los entrenamientos. Tener capacidades innatas es muy importante para desarrollar atletas competitivos, pero el ejercicio duro, la capacitación y el entrenamiento serán la auténtica escuela del liderazgo. Y en ese camino, este libro abre las puertas a desarrollar líderes fuertes, competitivos y campeones.

¿Quién puede ser líder? Todos. Todos llevamos dentro nuestro una semillita que quiere salir, que quiere auto-desarrollarse y crecer. No se trata de esforzarse por adquirir nuevas habilidades, sino más bien de mirar dentro y no poner barreras al ADN que llevamos impreso en nuestro interior y que quiere desarrollarse como persona, ser social y líder.

De nuestra bellota podrá brotar un noble roble, una sencilla encina, o una rastrera carrasca. Está en nuestras manos no poner límites culturales, emocionales o ideológicos al crecimiento de nuestra bellota para que con sol radiante, buena tierra y agua limpia discurra hacia el cielo como un roble esbelto y fuerte.

Ejercer un puesto de responsabilidad no implica ser un líder. Hay líderes en el banquillo de equipos escolares de alevines o en el equipo de jardineros de una comunidad de vecinos. Por el contrario, todos recordamos a jefes mediocres que llegaron a su máximo nivel de incompetencia en el más elevado cargo que nadie pudo soñar con concederles, ni ellos mismos. Son jefes, pero nunca serán líderes.

Pregúntese a usted mismo: ¿Lidera o «jefea»? Tener la oportunidad de liderar y no estar preparado para ello supone un alto grado de irresponsabilidad, para quien se encuentra con dicha oportunidad y para quien le nombró.

Por ello, centrémonos en la tarea de desarrollarnos como líderes fuertes, bien sea para nosotros mismos o para ser forjadores de otros líderes.

El consejo inicial es el de esos tres monos sabios japoneses: *Mizaru* (no ver), *Kikazaru* (no oír), *Iwazaru* (no decir). Porque el que calla mira a su alrededor, el ciego escucha a todos, y el sordo calla. Igualmente miremos, oigamos, callemos y reflexionemos sobre las enseñanzas que nuestro entorno nos brinda.

El test de nuestro entorno

Quizá por ello, el primer test que debemos plantearnos es si sabemos exprimir al máximo las experiencias de los que ya están ostentando posiciones similares en nuestra organización. ¿Y si se trata de alguien nuevo, joven o recién llegado a la empresa, cómo tragarnos el orgullo y los galones?

No hay dos organizaciones similares, eso es verdad. Pero la tendencia actual a organizaciones no tan jerarquizadas que potencian estructuras transversales y complementarias (competidoras en muchos casos) acorta la brecha que había hace tan solo diez años entre las posiciones de jerarquía y los mandos intermedios.

Hoy día se mira de otra manera el talento y el impacto que el mismo tiene en las organizaciones (Cfr. *Talentocracia*, Editorial Kolima, por Salvador Molina y Eduardo Toledo). Ahora está bien visto el líder que escucha a sus colaboradores o que intercambia experiencias con otros directores de departamentos, áreas, divisiones o empresas.

Por ello, no es nada descabellado pensar que un nuevo talento que se incorpora puede hacer consultas directas a su director y participar en encuentros informales, incluso en comidas entre compañeros, que le vayan aclarando tanto la situación de la empresa como cuáles son las cosas más importantes que deberá tener en cuenta si quiere hacer carrera.

Todo punto de encuentro informal, en la cafetería o en un pasillo, sirve para incorporar conocimientos y experiencias pasadas que la organización ha experimentado con éxito bajo el liderazgo de las personas que ahora van a ser sus jefes.

En el caso de que se relaten algunas situaciones que no han sido favorables para la empresa, no cabe duda de que tienen también el valor experimental que ayuda a incorporar qué cosas deben hacerse y de cuáles hay que cuidarse de que no ocurran en el desarrollo de las acciones que haya que implementar. Pero, además, existe un valor añadido fundamental para los nuevos líderes potenciales: el repaso permanente de lo que se considera la doctrina del *management* y el liderazgo. O sea, que hay que tener en cuenta dos aprendizajes:

a. La experiencia vivida y la trasmitida por los que ocupan puestos de responsabilidad

b. La inagotable fuente de información y conocimiento de los expertos[1]

---

1   «Doctrina» es un término que proviene del latín *doctrīna*. Es un conjunto de enseñanzas que se basa en un sistema de creencias. Se trata de los principios existentes sobre una materia determinada, por lo general con pretensión de validez universal. Por ejemplo: «La doctrina cristiana postula la existencia de un Dios».

La noción de doctrina también está vinculada al cuerpo de un dogma (formado por proposiciones ciertas e innegables) y a los principios legislativos. Es frecuente en política referirse a la doctrina del Tribunal Supremo o del Tribunal Constitucional, que es una jurisprudencia o cuerpo de normas surgidas de sentencias que marcan una tendencia en el tratamiento de determinadas cuestiones jurídicas.

El entrenamiento y la capacitación constantes del personal son baluartes fundamentales para las organizaciones y el liderazgo. Las consecuencias de esta mejora constante impactan directamente en el nivel de cualquier sociedad en su conjunto.

No seremos muy pesados con los argumentos de autoridad, pero seguiremos las enseñanzas de algunos gurús que nos precedieron y de los cuales es bueno recoger las enseñanzas, experiencias y consejos.

Así, vamos a fijarnos ahora en el estudio y experiencias de una profesional como es la Dra. Ann Gatty[2], una de las expertas más preocupadas por el factor humano.

1. Valores humanistas

La doctrina, en la que destaca Gatty, viene formulando ciertas preguntas clave para comprender el alcance de lo que significa desarrollar una cultura corporativa más humanista:

---

2   La Dra. Ann Gatty es una experta especialista en el aprendizaje, autora y conferenciante de gran prestigio y reconocimiento. Es cofundadora de http://strategicpeoplesolutions.com, una organización que ayuda a las empresas a desarrollar líderes fuertes, mientras que asesora en la creación de una cultura donde la auto-mejora es una parte intrínseca del sistema de valores de la organización.

Ann Gatty se dirige a los empresarios que contratan sus servicios diciéndoles: «*Yo sé lo que se necesita para construir un negocio exitoso. Estas son algunas de las maneras en que puedo ayudar a construir su negocio para trabajar con brillantez*». De ellas extraemos las siguientes:

- Proporcionar entrenamiento de liderazgo para que se puede comunicar con su personal de manera efectiva
- Construir entornos de trabajo colaborativo donde los miembros de la cultura de trabajo encajan bien juntos
- Proporcionar planes de desarrollo educativo individualizado para el crecimiento profesional de la persona, así como programas de entrenamiento y motivación
- Informar y capacitar a las mujeres sobre los problemas del equilibrio entre vida familiar y laboral

a. ¿Cuál debe ser el camino en las organizaciones para que se produzca este cambio hacia valores más humanistas?

b. ¿Qué impacto tiene en ello el estilo de liderazgo que prevalece en la empresa? ¿Es un liderazgo resistente al cambio o no?

c. ¿Cómo hace un líder efectivo para que prevalezcan los valores humanos en la organización?

d. ¿Cómo rompe con las resistencias culturales?

e. ¿Cuáles son los métodos que el líder efectivo puede emplear con la finalidad de reencaminar la cultura empresarial hacia una de reconocimiento y sensibilidad a conductas más humanas y que tengan en cuenta a los demás?

2. Promover las mejores conductas

Introducir por todos los medios que se pueda pautas y conductas más humanas que permitan que los ambientes de trabajo en los que se invierte un tercio de las horas de la vida de una persona sean no solo agradables, sino que la gente se encuentre motivada desde el mismo momento en que cada mañana entra y recibe un caluroso buenos días.

Coincidimos con Gatty en que aún hoy en día existe una asignatura pendiente en el proceso de humanización de los negocios y las organizaciones. Y entre los atributos necesarios para encaminar un proceso en el que los valores humanos sean siempre la estrella, desarrollar la compasión es uno de los mejores valores que una persona puede mejorar en su personalidad.

Ya hace veinte años que la doctrina viene sosteniendo que el factor humano es el más importante de los elementos que hacen posible que los actos económicos se realicen y que la sociedad y los países funcionen, porque estos no podrían existir sin la presencia de hombres y mujeres, que en definitiva son los que les dan vida.

Gatty observa que la virtud de la compasión no abunda en el mundo empresarial. Si se tiene en cuenta que es un valor que pertenece al plano personal del individuo, hay que ver de qué manera puede llevarse al plano organizacional.

3. Reconocer y valorar el talento

Gatty insiste en que es fundamental que todas las personas se traten con respeto. Aunque su duda razonable de que esto ocurra en el cien por cien de los casos evidencia una vez más que la doctrina no está convencida aún de que se hayan ajustado los flancos débiles en las relaciones humanas dentro de las organizaciones, al menos al nivel que deberían estar.

¿Es el reconocimiento del talento una de las máximas formas de respeto hacia los demás? ¡Pues claro que sí! El respeto que se profesan todas las personas dentro de una organización, independientemente de su nivel jerárquico, es un síntoma de madurez emocional. Respeto e inteligencia emocional están muy ligados, siendo una de las pautas claras no hacer a los demás lo que no queremos que nos hagan a nosotros.

Un camino directo para mejorar los valores humanos (clima laboral y cultura corporativa), así como las relaciones interpersonales que a diario hay que mantener entre todos los empleados, es eliminar los tópicos y los prejuicios. Somos muy proclives a etiquetar y categorizar, pero poco nos preocupa atribuirle el valor que realmente merece cada persona. Hay que descubrir el talento en los demás, a pesar de que muchas veces está oculto y es papel del líder rescatarlo de las profundidades de la personalidad.

4. Preocupación por los demás

No cabe duda, cuando hay una preocupación por los demás, de que la persona que tiene responsabilidades directivas va dejando paso a otra cara de su personalidad, a veces oculta y que surge en circunstancias generalmente de adversidad o de grandes desafíos: la capacidad de ejercer el liderazgo.

CUÁLES DEBEN SER LOS PRINCIPIOS DE ACTUACIÓN DEL NUEVO LÍDER

1. El liderazgo no es una pose

Hay que interiorizar el cambio y ser coherente, transparente, consecuente. Cuando el líder imposta su conducta está boicoteando su liderazgo efectivo.

Puede ser un líder técnicamente perfecto, pero su liderazgo no será auténtico si no es capaz de mostrar una preocupación por los problemas de los demás, poniéndose en la piel de su gente, siendo sensible a cualquier tipo de preocupación que le manifiestan, así como a la exposición de los problemas que le presenten.

Y esto es lo más difícil para una persona que pretenda ejercer un liderazgo para el cual no está preparado y tenga que simular una compasión y una preocupación que en realidad no tiene.

Cuando se simula no se es auténtico en la relación con el resto de personas, estén o no bajo su mando.

Se puede simular durante un tiempo, pero el auténtico carácter de una persona finalmente aflora y manifiesta una determina pauta de comportamiento. Esto es lo que a veces sorprende en determinadas reacciones inesperadas de un jefe o directivo, que dejan realmente atónito a su personal.

2. Capacitar y formar es el camino hacia una organización más humana e igualitaria en el trato

No hay mejor legado que el líder pueda hacer a su equipo que la formación[3].

«El aprendizaje es un proceso constructivo que todas las organizaciones deben apoyar de forma continua», dice Gatty, con lo que viene a reforzar la importancia del aprendizaje como proceso de capacitación y entrenamiento, así como el conocimiento *per se*. Y cuando este nos da respuesta con sus aplicaciones es conocimiento aplicado.

Por tanto, la doctrina en *management* y liderazgo se nutre tanto de experiencias probadas, como de desarrollos teóricos, que generalmente parten también de experiencias a partir

---

3   José Luis Zunni y Salvador Molina, Blog de Management y Liderazgo del Foro Ecofin www.ecofin.es entre 2013 y 2020 han destacado en decenas de artículos la importancia que la formación tiene para las organizaciones, especialmente PYMES. A esta posición se enfrentan no pocos líderes y directivos que tienen la responsabilidad del desarrollo y la formación en sus respectivas organizaciones. Porque saben que para seguir siendo competitiva, la empresa requiere de una actualización y formación permanente de sus cuadros.

Casi todos los modelos de cursos o programas de desarrollo existentes entienden por práctico todo aquello que está sostenido por el aprendizaje de casos reales de empresas que existen. Con frecuencia no dan la importancia que realmente tiene el profundizar en teorías y modelos de comportamiento que la doctrina nos ha ido suministrando en las últimas décadas.

Para nosotros, el aprendizaje consta de dos aspectos centrales: aprender y capacitarse en las habilidades que se necesitan para ese puesto y responsabilidad. Hay que sumar al conocimiento práctico, los contenidos teóricos en los que se sustenta, hacer cosas significativas para el personal que está siendo capacitado, propiciando el análisis y la reflexión para que ayuden al líder a descubrir los cambios que se están produciendo en la propia estructura de la organización, especialmente los derivados de las nuevas tecnologías, así como los que están sucediéndose en el entorno.

de las cuales los investigadores y los autores desarrollan nuevos modelos para interpretar la realidad de cada momento.

Al líder que no comprende el proceso de aprender y mejorar como parte de su liderazgo poco le durará su actual rango, porque su liderazgo tendrá vías de agua que se pondrán de manifiesto en el proceso formativo de su gente.

Las personas tienen que creer en las personas, mirar al líder con complacencia y percibir que efectivamente su voluntad es la mejora y el perfeccionamiento de cada uno de los individuos de sus respectivos equipos y/o departamentos.

Gatty lo dice de manera muy elocuente: «*Las personas se enriquecen al aumentar las perspectivas para la consideración de diferentes puntos de vista, así como también las organizaciones que permiten que existan compartimientos estancos y obstaculizan el intercambio de conocimientos están perdiendo una oportunidad para la innovación y el crecimiento*».

VIAJE A NUESTRO INTERIOR

Si para cualquier persona es importante conocerse más a sí misma, qué puede decirse en materia de liderazgo, donde el líder debe hacer uso de todas sus habilidades técnicas y emocionales.

Para ello es conveniente que hagamos dos viajes:
* Uno a nuestro interior: mirarnos hacia dentro en cuanto a nuestros valores y principios, prejuicios y tópicos, etc.
* Otro hacia el exterior, lo que nos rodea. Analizar el entorno

A esto es lo que técnicamente llamamos «visión» interior y exterior.

Cuanto más capaces seamos de comprender ambas visiones, más podremos hacer por la organización con efectividad para mejorar así nuestras relaciones interpersonales y las de cada uno con la organización que lideramos. Cuanta mejor sea la comprensión de ambas visiones, mejor será el resultado en cuanto a cómo encajan (*how they fit*) las personas y mandos con la organización y viceversa.

1. La visión interior

¿Nos hemos preguntado quiénes somos? Sorprende la respuesta: somos materia, somos agua, somos energía, somos espacios vacíos entre millones de electrones en movimiento alrededor de átomos... Pero nuestra materia inteligente funciona equilibradamente gracias a dos mecanismos esenciales del cerebro:

- La racionalidad
- La creatividad

No está de más detenernos un instante en comprender cuáles son los campos del conocimiento que convergen para un estudio serio de las organizaciones y la conducta organizacional. Son, fundamentalmente:

- La Ciencia de la Administración
- La Psicología
- La Sociología

Por tanto, estas tres áreas convergen en una sola Teoría de las Organizaciones, que es la que se va alimentando año tras año con los aportes de la doctrina y las investigaciones que hemos comentado anteriormente.

Cuanto más se nutra la teoría organizacional de esas dos disciplinas basadas en el estudio de la psicología de las personas a nivel individual y colectivo, mejor podremos comprender los aspectos conductuales, esenciales para estudiar y ver cómo se aplican las técnicas en las mejoras de productividad personal, el alto rendimiento y la eficacia, así como en la eficiencia de la organización como un todo.

Si comprendemos que una organización es un conjunto de elementos humanos y materiales con un fin común, la cuestión es entonces estudiar la visión que tiene cada persona de su propia vida, de su entorno laboral, y comprender mucho mejor aún cuál es la visión y la misión que tiene la organización. Es obvio que la visión de una organización subyace en sus mandos.

2. ¿Cuál es la visión que cada persona tiene de su propia vida?

Descubrirse a uno mismo, hacer un viaje a nuestro interior es encontrarle sentido a nuestra vida. No es una cuestión baladí. Porque saber cuál es nuestro impulso vital, el que proviene de nuestro espíritu y nuestra alma, nos ayudará a que el presente sea más llevadero.

Debemos buscar el camino de la armonía que nos conduzca a una felicidad razonable y placentera. Siempre en nuestra relación con los demás. Nuestra felicidad y satisfacciones no dependen de sentimientos egoístas, sino de cuánto estemos aportando como individuos a la satisfacción del resto de miembros del equipo. Redunda en la confianza entre todos y hacia la organización.

Equilibrio es un concepto ambivalente. Equilibrio en la acepción occidental representa un estado de estabilidad. Pero a nosotros lo que nos interesa es pensar en el equilibrio como la armonía interior de la persona, que es un concepto oriental que nos indica que las personas están siempre en estado de mutación y de cambio, como la naturaleza y también las organizaciones.

Equilibrio debemos conceptuarlo pues, no como una zona de confort (estabilidad), sino como una zona de conflicto entre opuestos: yin y yang, el éxito y el fracaso, el reto y su solución, el problema y la respuesta correcta, el hambre y la saciedad, el contrato y el pedido. En fin, las tensiones propias de cualquier organismo vivo.

Por tanto, la nueva visión de tu entorno debe estar filtrada por estas nuevas lentes de equilibrio en la búsqueda permanente de la armonía. Debemos buscar puntos de entendimiento, situaciones que hagan la vida más cómoda para personas y equipos, desterrando el concepto equilibrio-confort porque es ontológicamente falso. Nada hay ni existe en constante equilibrio. Por el contrario, nuestra existencia y las conductas derivadas de las personas se deben someter a la búsqueda de una armonía en constante adaptación al cambio.

Cuando dude, levante la vista al cielo y piense que la inmensa estabilidad del firmamento no es sino un lienzo mentiroso a nuestros ojos que esconde un perpetuo duelo de fuerzas de atracción y repulsión en permanente movimiento en órbitas planetarias, choque de asteroides y tormentas solares.

O si mira sus manos, creerá verlas sólidas y fuertes; pero piense que el 80% de ellas es agua líquida, o que dentro de cada una de sus células vivas hay átomos que no son más que espacios vacíos de materia, que la corteza de un átomo es un espacio energético hueco infinitamente mayor que la materia del núcleo compuesto por protones y neutrones. Somos huecos y espacios vacíos. Somos átomos en permanente movimiento. Sin embargo, nos creemos sólidos y firmes.

Solo un líder emocional, efectivo y humano sabe ver en su organización, en su equipo, este permanente equilibrio inestable, que no debe crearnos desasosiego, sino calma, delegación, confianza, fe en los demás; porque uno solo no es nada ante tamaño reto de equilibrio armónico. El liderazgo es sentirse parte del movimiento, participar en la mutación, fluir en el baile universal del cambio.

3. La importancia de vivir. ¿Somos los seres humanos conscientes de nuestro presente vital?

Hagamos una pausa y pongamos nuestra mente en blanco: ¿pesan más en nosotros las experiencias pasadas y las expectativas de futuro que la realidad circundante?

Nuestra vida está encadenada a nuestra historia. Tenemos una tendencia natural a aplicar mecanismos mentales decisorios que ya hemos aplicado en el pasado, nos haya ido bien o mal con ellos. Es un automatismo innato al ser humano. Esta dependencia del pasado (la teoría del *path dependence*), tratada por José Luis Zunni, Salvador Molina y Antonio Alonso en *Líder de mente infinita* (https://ecofin.es/lider-de-mente-infinita/), nos advierte que el peligro en la toma de decisiones frente a nuevas situaciones es justamente que las circunstancias han cambiado y nuestro modelo mental de pensamiento también tiene que adaptarse para accionar una respuesta adecuada a nuevos desafíos.

4. Tener claras nuestras prioridades

¿Qué es importante para uno? ¿Sabemos diferenciar lo importante de lo que no lo es?

Cuando a Bertrand Russell le formularon una pregunta que prácticamente no tenía respuesta, con su habitual maestría lógica respondió: «*Dame Dios la fuerza para cambiar las cosas que puedo cambiar; dame Dios la voluntad para tolerar las cosas que no puedo cambiar; finalmente, dame Dios la inteligencia para diferenciar las cosas que puedo cambiar de las cosas que no puedo cambiar*». ¡Qué gran trilogía para un líder!

5. La perspectiva de nuestra vida

Un ejecutivo de una importante compañía estadounidense, en su visita habitual a su terapeuta (psicólogo) le dijo que estaba muy angustiado, que tenía incluso sensaciones de pánico, que terminaba una reunión y a continuación otra. Entonces, al preguntarle a su psicólogo qué es lo que debía hacer, este le respondió: «*Cuando usted tenga una reunión, por ejemplo, las dos que tiene al dejar mi consulta, pregúntese en cuánto van a cambiar su vida estas dos reuniones en los próximos tres años. Si no le afectarán en nada, entonces, ¡de qué preocuparse!, serán otras reuniones operativas como las que tiene habitualmente. Trate de ver, de descubrir usted mismo la perspectiva de su vida*». ¿Tenemos todos nosotros una perspectiva real de nuestras vidas? Busquemos esa perspectiva. Miremos hacia nuestro interior. Porque la perspectiva real de nuestras vidas viene del fondo de nuestra mente y nuestra alma.

6. Miremos más allá de un día

Si aprendemos a vivir un presente vital aplicando principios en los que creemos, podremos ver con claridad el día de hoy y el de mañana, y ver también con claridad nuestro futuro. Desterremos el corto plazo como obsesión por lo inmediato porque genera tensiones, angustias e insatisfacción. Justamente, si hay una fórmula para «descomprimir» el presente y liberarlo de tensiones es planificar adecuadamente nuestro futuro.

7. Seamos estudiosos de la realidad que nos rodea

La que está más próxima e influye directamente en nuestras vidas. También la que lo hace de manera más indirecta. ¿Y si hay que desaprender?, pues que todo sea para bien.

8. Confiemos en el grupo

Recibo lo que doy. Nunca sentiremos la confianza de nuestros seres queridos o compañeros de trabajo si primero no confiamos en ellos. El sentimiento de pertenencia a un grupo es fundamental en la búsqueda de esa perspectiva.

9. Saquemos lo mejor de nosotros mismos

Esto implica:
* Esfuerzo
* Sacrificio
* Lealtad
* Disciplina
* Conducta
* Buenos hábitos

10. Seamos merecedores y dignos del esfuerzo

Es la clara referencia al sacrificio que otros, nuestra familia, amigos y también compañeros, hacen por nosotros de forma natural y también en determinadas circunstancias.

Síntesis de la visión interior

Hagamos este ejercicio mental:

- Miremos hacia nuestro interior y pensemos en el «psiquiatra americano»
- Recordemos a Bertrand Russell
- Miremos más allá de un día
- Seamos estudiosos de la realidad que nos rodea
- Confiemos en el grupo
- Saquemos lo mejor de nosotros mismos
- Seamos merecedores y dignos del esfuerzo

Finalmente, hay que tener en cuenta que existe un claro proceso de «humanización» en las organizaciones, en las que se vuelve a priorizar a la persona por encima del cargo. Sin este cambio, que se viene operando desde antes de la crisis financiera internacional iniciada en 2007, no sería posible ejercer las habilidades y competencias emocionales de las que tanto se ha tratado en los últimos años.

Estamos seguros de que se seguirá profundizando en ello, así como que también seguirá habiendo cambios producto de las nuevas tecnologías que incidirán en puestos de trabajo, funciones y personas. La cuestión es que por fin se antepone y se prioriza el interés de personas y equipos a resultados y rendimientos.

Sin el compromiso de las personas y la organización, con niveles de satisfacción inadecuados y climas laborales adversos, la productividad y el alto rendimiento de los equipos quedará en entredicho. Muchas organizaciones lo han entendido y así, les gusta que sus líderes actúen en consecuencia. Las que lleguen tarde a comprenderlo, o políticamente no quieran hacerlo, tendrán severos problemas en la retención del talento y en conservar niveles de productividad y rendimiento de equipos y personas razonables. O sea, que la parte emocional tiene que formar parte de la ecuación que nos lleva finalmente a cumplir objetivos, metas y un proyecto sostenible como organización.

PRIORIDADES Y PERSPECTIVAS

Harry M. Kraemer, profesor de Estrategia en la Northwestern University's Kellogg School of Management, afirma que *«el único liderazgo verdadero es el liderazgo basado en los valores»* y al mismo tiempo sostiene que ha tenido el privilegio de participar en muchas discusiones reflexivas con sus estudiantes sobre el liderazgo basado en los valores. Tiene la firme creencia de que el liderazgo debe estar enraizado en lo que una persona es y lo que más le importa.

Cuando realmente nos conocemos a nosotros mismos y lo que representamos, es mucho más fácil saber qué hacer en cualquier situación. Siempre se reduce a hacer lo correcto y de la mejor forma posible.

Dicho así puede parecer algo más simple de lo que realmente es, aunque en realidad uno de los fundamentos del buen liderazgo es hacer siempre lo que es correcto y justo.

Por ello Kraemer, después de una larga experiencia docente y profesional, ha desarrollado lo que él llama *«The four principles of values-based leadership»* (los cuatro principios del liderazgo basado en los valores) que son:

1. La auto-reflexión, porque se debe tener la capacidad de identificar y reflexionar sobre lo que el liderazgo realmente representa, cuáles son sus valores y qué es lo que más le importa al líder. Se debe estar dispuesto a mirar dentro de uno mismo a través de la autorreflexión constante y de esforzarse por tener una mayor autoconciencia.

2. El equilibrio, que conlleva la capacidad de ver situaciones desde múltiples perspectivas y puntos de vista para obtener una comprensión mucho más completa. El equilibrio significa que el líder considera todos los ángulos posibles de análisis para tratar un problema o hacer un diagnóstico, tomando en cuenta las opiniones con una mentalidad abierta y receptiva.

3. La verdadera confianza en uno mismo, aceptándose como uno es. Reconocer las fortalezas y debilidades y esforzase en la mejora continua. Siempre habrá personas más dotadas y exitosas, pero hay que estar bien con nuestro «yo», que debemos aceptar.

4. La verdadera humildad. Nunca debemos olvidar quiénes somos ni de dónde hemos venido. La humildad genuina mantiene la vida en perspectiva, particularmente cuando experimenta el éxito en la carrera profesional y/o personal. Además, ayuda a valorar a cada persona que se encuentre y a tratar a todos respetuosamente.

Hoy en día existe una amplia falta de confianza en el liderazgo, los negocios, el gobierno, la educación y en otros lugares. Cada líder necesita recuperar y mantener la confianza.

El liderazgo basado en valores no puede ser una cura para todo lo que nos afecta, pero sin duda es un buen lugar desde donde comenzar.

Liderazgo de alta resolución

High-Resolution Leadership es una colección de hallazgos que reflejan cómo el liderazgo conforma el panorama empresarial actual. Desde dieciocho diferentes lentes, se puede analizar cómo los líderes impactan en el crecimiento económico y en los diferentes ámbitos en los que actúan. Es una poderosa herramienta que puede ser considerada un *data mining* porque incluye 15.000 participantes en la evaluación del liderazgo de la DDI[4], que van desde líderes de primera línea y con gran reconocimiento social, hasta la *C-suite* (ejecutivos más importantes de las organizaciones).

Cuando una empresa se preocupa por la calidad de sus líderes y que se ejecute un liderazgo efectivo, se logra en todo momento una combinación entre la gestión financiera y operativa que lleva a niveles de crecimiento y beneficios.

Las competencias empresariales y de liderazgo específicas generan beneficios que pueden derivar de una acción simultánea de los siguientes factores:

- Capacidad de gestión empresarial y/o de emprendimiento de nuevos negocios
- Saber conducir la dirección en momentos de crisis o de mercados que generan situaciones conocidas como *business savvy* (comprensión del negocio y/o muy capacitado/ experimentado/ sobre el negocio)

---

4   *Development Dimensions International* (DDI) fue fundada en 1970 por William C. Byham, y Douglas W. Bray para crear e implementar centros de evaluación que proporcionaran datos de comportamiento para la contratación, promoción de empleados y desarrollo del *management* para una buena gestión de negocios y de Recursos Humanos.

Su trabajo fue tan innovador en la metodología del centro de evaluación cuyos principios de aplicación evolucionaron que aún forman parte de las mejores prácticas usadas hoy. Además, Byham y Bray, fueron pioneros en programas y servicios para contratar y desarrollar talento organizacional. Hoy en día, DDI es una empresa de renombre internacional de formación de Recursos Humanos y consultoría con oficinas en todo el mundo.

- Estar siempre muy atento a la forma en que se está llevando a cabo la ejecución de las acciones
- El criterio y buen hacer en la toma de decisiones
- Liderar el cambio

En cuanto a la habilidad del líder de personalidad llamada *Shake-Up* (capacidad de reorganización y/o readaptación a las nuevas circunstancias), es la que le permite adaptarse a las consecuencias críticas impuestas por los cambios cada vez que estos se producen.

Las habilidades del líder conllevan aquellas que se le suponen y otras nuevas a desarrollar, pero siempre trae novedades en cuanto a la categorización que de él se haga en su posición de liderazgo y teniendo en cuenta los cambios que se producen con el paso del tiempo, tanto en las ideas que tiene que aplicar y enseñar a su equipo como en el desarrollo de una nueva cultura corporativa.

Sin embargo, los estudios de DDI examinaron los factores económicos externos que agregan una fuerza externa influyente al desarrollo de las habilidades del líder.

Entre 2006 y 2014 se produjeron movimientos en el ránking de los diferentes factores que a continuación señalamos:

a. Decisiones operativas
b. Focalizar las acciones hacia el cliente
c. Cultivar el *networking*
d. Liderar el cambio
e. Ejecutar e implementar acciones

Por ello, ante la interrogante que se plantea habitualmente en la doctrina sobre si los líderes están listos para liderar, se formula la siguiente pregunta: ¿listos para qué?

La capacidad de un líder para conquistar los desafíos comerciales más habituales es una medida crítica en la preparación para el liderazgo.

Los ejecutivos están más capacitados para concentrarse en retos del aquí y ahora, como mejorar la calidad, construir relaciones y centrarse en los clientes y la eficiencia. Están mucho menos dispuestos a navegar en situaciones más ambiguas que por lo general vienen dadas por desafíos estratégicos, tales como definir cómo construir o reinventar marcas, mercados, organizaciones y culturas.

En cuanto al contexto empresarial más común de cara a la preparación del líder, las investigaciones arrojan lo siguiente:

- El 59% está dedicado a la creación de alianzas y relaciones estratégicas
- El 56% a la finalidad de cultivar una cultura focalizada hacia la persona
- El 51% a la finalidad de dirigir la eficiencia, lo que implica buscar rendimiento en todos los procesos que se ejecutan

¿Cómo influyen los factores externos en los líderes dentro de una industria? Diferentes industrias eran más vulnerables a las presiones VUCA (*Volatility, Uncertainty, Complexity, Ambiguity*); es decir, a la volatilidad, incertidumbre, complejidad y ambigüedad del mundo actual.

En cuanto a la carrera profesional y personal que todo líder pretende hacer hacia la cumbre de la organización, de las investigaciones surgen claramente cuáles son las tendencias positivas y las negativas:

- Tendencias positivas: ambición, capacidad de resiliencia y sensibilidad en las relaciones interpersonales.

- Tendencias negativas: volatilidad, actitud evasiva o de evitar enfrentarse al problema o a la realidad, perfeccionismo, arrogancia, dependencia de las decisiones y aversión al riesgo.

IBM suele ser un paradigma en la forma de innovar en equipos de trabajo y en el liderazgo de esos equipos de gestión del cambio. Los valores que manifiesta públicamente son:

- Dedicación a todos los éxitos de los clientes
- Innovación que importa, tanto para la compañía como para el mundo
- Confianza y responsabilidad personal en todas las relaciones

Para que esto sea posible, sostiene que es una empresa basada en valores y que las organizaciones construidas para perdurar están basadas en valores fundamentales.

Por ello, IBM emprendió en 2003 el primer examen disciplinado sobre los valores que corporativamente defendía, y que aún sigue defendiendo cuando en 2021 cumpla 110 años de existencia[5].

---

5   A través de *ValuesJam* (una discusión sin precedentes de 72 horas sobre la Intranet global), los «IBMers» se reunieron para definir la esencia de la empresa. ¿El resultado? Un conjunto de valores fundamentales definidos por IBMers para IBMers, que conforman todo lo que hacen y cada elección que hacen en nombre de la empresa.
Este conjunto compartido de valores ayuda a guiar las decisiones, acciones y comportamientos, pero además está en el centro de la aspiración de IBM de ser reconocida como una gran empresa.
Por valores quieren expresar que:
- En IBM los valores significan más que la ética, el cumplimiento o incluso un código de conducta
- Los valores expresan lo que diferencia a IBM con clientes, inversionistas, empleados, comunidades
- Los valores se traducen en la misión y las aspiraciones de la corporación
- Condicionan cómo se toman las decisiones
- Explica cómo se comportan y actúan colectiva e individualmente
Pero la filosofía de IBM en cuanto a los valores a su vez da un giro más en

UN LIDERAZGO FUERTE Y EFECTIVO MARCA EL RUMBO DE LA ORGANIZACIÓN

Una persona en un puesto de responsabilidad intermedia o también un líder recién llegado debe reflexionar sobre si la empresa marcha en la buena dirección. Es normal que en estos niveles jerárquicos se formulen ciertas preguntas:

* ¿Se están tomando decisiones oportunas y apropiadas?
* ¿Por qué hay que considerar aquellos elementos internos a los que a veces no se les da la importancia que merecen y que disminuyen el nivel de competitividad de la empresa?

1. La comunicación adecuada

Siguiendo con la metodología de hacer hablar a la doctrina, consideremos lo que una experta en organizaciones como Tara Landes[6] nos dice al respecto de este punto.

---

cuanto a que expresan cuáles son los valores compartidos en las acciones que realizan:
* La dedicación al éxito de cada cliente
* Todo el personal de IBM es un apasionado por construir relaciones sólidas y duraderas con sus clientes Esta dedicación les impulsa a ir por encima y más allá en nombre de los clientes
* Una cultura corporativa centrada en los resultados, sosteniendo que venden productos servicios y soluciones para ayudar a sus clientes a tener éxito. También a poder medirlo

6   Tara Landes fundó Bellrock (MRSI Benchmarking) en 2008 en Vancouver (British Columbia, Canadá). Previamente se había unido a una consultora con sede en Toronto con lo que cuenta con varios años de experiencia en ventas de servicios profesionales de consultoría en el ámbito de las nuevas tecnologías y también en el sector público. En su papel como directora de servicios de esta firma pasó la mayor parte de su tiempo dedicada a la implementación de cambios que añadían valor duradero para sus clientes. Participó también en la investigación y mejora de la difusión de las mejores

Su principio de actuación se refleja en la siguiente afirmación: «*Me refiero a la poca frecuencia con la que los presidentes de las pequeñas empresas se comunican formalmente con su personal*».

No podemos dejar de coincidir con ella ya que existe una cierta confusión en la clase empresarial, especialmente en las PYMES, que creen que con intercambiar algo de información o dar órdenes sobre determinadas tareas que debe realizar su equipo ya es suficiente.

Y la verdad es que no solo es así, sino que es altamente peligroso creer que el director, jefe, propietario o líder, por mantener un buen diálogo cree saber lo que su gente piensa de él y lo que pasa por su cabeza en relación a las acciones que la empresa está realizando en sus planes de futuro.

Un líder de negocios exitoso siempre proporciona un cierto grado de visión a sus empleados, aunque, como dice Landes: «*Uno que ejerza un liderazgo excepcional sabe que proporcionar una vista a vuelo de pájaro del bosque asegura que todo el mundo va en la dirección correcta*». De ahí la importancia que adquiere la comunicación interna del líder con su personal y el transmitir esa visión al equipo.

---

prácticas realizadas por todo el equipo.

«¿Cómo controlar a alguien cuando sus capacidades técnicas superan a las de su jefe? En este caso, el líder tiene que confiar en su experiencia y en lugar de la gestión de los medios y los fines, debe gestionar los resultados finales de la persona y/o equipo involucrado en las tareas y proyectos, con alguna forma de medición de sus respectivos rendimientos».

Por ejemplo, no necesariamente puede evaluarse la calidad de la solución; pero se puede tener en cuenta si el trabajo fue entregado a tiempo, o si el cliente se encontraba satisfecho porque se trataba de una solución duradera frente a algo que tiene que ser modificado.

El establecimiento de expectativas en torno a estos resultados finales, medidas por adelantado, se convierte en una herramienta de gestión fundamental que permite a la persona satisfacer esas expectativas.

2. La focalización precisa de los problemas

¿Por qué es tan importante saber con claridad hacia dónde vamos y por qué? Landes recomienda como ideal que con frecuencia trimestral la Dirección de la empresa permita que el líder de uno o varios equipos centre su mensaje focalizando en los temas con absoluta libertad y sin filtros.

Lo mejor para liberar el talento es eliminar y/o reducir las barreras que le ponen cortapisas. Landes sugiere que pueden permutarse controles por una buena comunicación, que es la forma indicada de estar encima de los problemas pero sin producir agobios en el personal.

Landes afirma que *«la comunicación formal y regular que emite la empresa mejora la moral y ayuda a la retención de personal al tiempo que contribuye a la mejora general en el rendimiento porque todo el mundo está trabajando hacia un objetivo común».*

Informar es una cosa; transmitir a la gente la percepción que el líder tiene del entorno y los cambios que deben hacerse para llegar a la meta prefijada otra muy distinta. He aquí la diferencia entre la información que da la Dirección y la comprensión que la gente haga de ella con aquella que el líder transmite a sus equipos cuidando de que todos y cada uno de sus miembros comprendan qué es lo que hay que hacer, cuándo, por qué y con qué medios.

En realidad, los líderes efectivos hacen ver a la gente por sus ojos, no porque les obliguen, sino porque les explican y forman, y porque demuestran poseer una firme convicción de las medidas que se están tomando.

3. Proporcionar una visión general del pasado trimestre

No pasa nada por reconocer las decepciones o pequeñas caídas (por ejemplo, bajada de ingresos), pero lo importante es centrarse en los logros de la empresa.

Hay que esforzarse por destacar los puntos fuertes de la empresa, en particular aquellos en los que se demuestra la excelencia como equipo.

Pongamos el énfasis en el esfuerzo realizado para ir en la dirección correcta y no obsesionarnos con los resultados.

4. Mencionar lo negativo en primer lugar, pero inmediatamente después dar paso a la previsión que se tiene para encaminar el resto del ejercicio

Lo que siempre debe procurar el líder es articular un mensaje claro. Por ejemplo, dar respuesta al personal explicando la siguiente pregunta que muchos se pueden formular: ¿cuál es el objetivo importante que se desea conseguir? En una empresa de servicios de mensajería internacional se comenzó a analizar y estudiar qué mejoras debían introducirse en referencia a seguir ofreciendo la máxima calidad de servicio a la clientela. Para ello había que contar con un estándar de medida para que todos los departamentos pudiesen comparar y medir sus resultados.

Eso llevó a hacer un replanteamiento en profundidad sobre cuáles eran las acciones a realizar en el nuevo período, por lo que la Dirección tuvo que dar su visión de cómo iban a ir las cosas y la manera en que se alcanzarían las metas. Este proceder es la forma de dar confianza a nuestros colaboradores y comprometerlos en el objetivo colectivo, tanto si están directamente involucrados en las funciones y responsabilidades como si no lo están. Tenemos que dirigirnos a todo el personal.

Desarrollemos una buena dirección de la organización basada en la especialización y la motivación de las personas. No es tarea sencilla, pero puede significar un paso importante para la obtención de buenos resultados, porque ante la falta de información, los diferentes equipos y personal van a suponer lo peor. Y, lo más importante, es poco probable que la Dirección pueda ocultar algo que el personal no sepa de antemano.

El liderazgo es una práctica y cuanto más a menudo se ejercite este tipo de liderazgo participativo, más cómodo se sentirá el líder.

Autocontrol, pilar de un liderazgo fuerte y efectivo

El autocontrol es una habilidad que todos poseemos. Sin embargo, tendemos a darle poco crédito. Un directivo puede tener un alto coeficiente intelectual y estar muy formado para el puesto que ocupa pero carecer de las competencias emocionales mínimas para lograr una buena relación interpersonal.

También es cierto que personas con treinta años de ejercicio profesional a sus espaldas no son capaces de controlar sus reacciones ante diversas presiones del ambiente, por circunstancias tan diversas como un fallo en la atención a un cliente. La versatilidad, el autodesarrollo y la responsabilidad en el liderazgo son los elementos básicos que configuran el «yo auténtico» del líder.

Cuando Martin Seligman[7] y sus colegas de la Universidad de Pensilvania hicieron un estudio sobre dos millones de personas y les pidieron que clasificaran sus fortalezas en 24 habilidades diferentes, el autocontrol terminó en la parte inferior de la lista.

Pero esa forma de conducirse por la cual los demás a uno le consideran serio y respetable, puede desmoronarse ante un disgusto que se lleve porque no pueda, por ejemplo, asimilar una injusticia que se haga con él en materia de promoción dentro de la empresa en beneficio de otra persona menos preparada. Se ha producido lo que los psicólogos denominan «transferencia» para lograr que las cosas vuelvan a su equilibrio.

Bradberry[8] afirma que la capacidad de mantener la calma bajo presión y ejercer el autocontrol tiene conexión directa con el rendimiento de la persona (*performance*). El 90% de las personas con mejor desempeño son expertas en el manejo de sus emociones en momentos de estrés con el fin de mantener calma y control. Cuando se trata de autocontrol es fácil centrarse en los fracasos, lo que hace que nuestros éxitos tiendan a palidecer en comparación. Para Bradberry

---

7   El Dr. Martin E.P. Seligman es el Zellerbach Family Professor of Psychology de la Universidad de Pennsylvania, además de director del Centro de Psicología Positiva Penn. También es director del Master Penn del programa de Psicología Positiva Aplicada (MAPP). Fue presidente de la Asociación Americana de Psicología habiendo sido una de sus iniciativas presidenciales la promoción de la Psicología Positiva como un campo de estudio científico. Es una autoridad líder en los campos de la psicología positiva, la resiliencia, la indefensión aprendida, la depresión, el optimismo y el pesimismo. También es una autoridad reconocida en intervenciones para prevenir la depresión y la construcción de fortalezas y bienestar. Ha escrito más de 275 publicaciones científicas y 20 libros.

8   Dr. Travis Bradberry es co-autor del bestseller *Emotional Intelligence 2.0* (*Inteligencia Emocional 2.0*) y el cofundador de TalentSmart, el proveedor líder mundial de pruebas de inteligencia emocional y formación que atiende a más del 75% de las compañías de la lista Fortune 500. Se sabe que hay nuevas investigaciones que muestran cómo cualquier persona puede dominar el autocontrol en seis sencillos pasos, materia que volveremos a tratar en esta obra.

esto se debe a que el autocontrol es un esfuerzo que estamos haciendo con la finalidad de alcanzar una meta. El no poder controlarse a sí misma es un fracaso porque está poniendo en jaque el cumplimiento de los objetivos propuestos.

CAPÍTULO 2
EL CUBO DEL AUTOLIDERAZGO

Vistas las bases que determinan el desarrollo de un liderazgo efectivo, vamos a abordar ahora un modelo que nos permita definir, planificar y desplegar nuestro propio estilo de liderazgo. Lo llamamos «el cubo» porque está compuesto de seis caras o facetas que se retroalimentan entre ellas.

Se lo vamos a contar para que encuentre en él un método sencillo para construir su propio modelo de liderazgo. Es una metodología que a los autores nos ha servido en nuestro día a día, pero que cada uno hemos aplicado de manera distinta. Cada uno con sus propios matices, con distintos grados de énfasis en cada una de las áreas del cubo y, sobre todo, alineado con las distintas motivaciones, intereses y roles de cada cual.

Esperamos que este cubo le aporte, que le ayude a construir su propio modelo, un modelo en el que se reconozca, que le cautive, le ayude y le empuje a ser su mejor yo. Una vez que lo pruebe, decida usted mismo. Si le sirve para este propósito, utilícelo y perfecciónelo a su medida. Si no, descártelo y busque su propia caja de herramientas.

El liderazgo tiene mucho más de arte que de ciencia; conviértase en el propio escultor de su modelo.

Veamos de qué elementos está compuesto el cubo:
1. Una misión
2. Sus valores
3. Sus roles y dimensiones
4. Su visión-objetivos de largo
5. Sus objetivos de corto
6. Sus capacidades y el plan de acción

A su vez, el modelo se soporta en unos elementos de carácter transversal que permiten su sostenibilidad: riesgos, recompensas y monitorización.

Pasemos a analizar cada cara del cubo.

UNA MISIÓN

Su misión representa su razón de ser. La seña de identidad que quiere dejar en su paso por el mundo. Eso que nos contamos al oído antes de dormirnos para aliviar un día malo. Aquello que le aconsejamos a nuestro hijo cuando le vemos perder el norte. Este ejercicio ha sido útil para mucha gente y representa el marco sobre el que construir todo lo demás.

Es muy habitual encontrarnos con definiciones de misión en el ámbito corporativo. De alguna manera se trata de postular por qué existe una empresa, cuál es la razón por la que continúa con sus operaciones, para después aterrizarlo al «cómo» y al «de qué manera». En el ámbito personal es mucho más extraño conocer a alguien que se ha planteado algo así. Muchas veces nos dejamos llevar sin más, como hámsteres subidos a la rueda, corriendo, dando vueltas una y otra vez sin pensar más allá de eso.

La definición de la misión personal trata de poner un poco de distancia con nuestro día a día y conviene realizarla en un ámbito de quietud, calma, silencio, de encuentro con uno mismo. Si bien tiene un elemento de base, de transversalidad, no tiene por qué ser inmutable durante toda la vida; puede cambiar, como cambiamos todos.

Hay autores que utilizan el símil de imaginarse a sí mismos tumbados en su propio lecho de muerte, con mucha gente alrededor inundada por la tristeza. Y, en la visualización de esa escena, una pregunta: ¿cómo quiero que me recuerden?, ¿qué huella quiero haber dejado?, ¿qué quiero que comenten de mí mis allegados, mis colegas de trabajo, mis amigos? La gente que de verdad le importa, no los que están por compromiso o chismorreo.

La definición de la misión personal es por tanto algo exclusivamente suyo. No las hay buenas ni malas, ni nadie tiene por qué juzgarlas. Se trata tan solo de que se identifique con ella, que haga que le brillen los ojos, que le ponga el vello de punta.

Por si puede serle útil y ayuda a capturar la esencia de lo que significa, aquí van algunos ejemplos reales de misión personal:

- *«Cada mañana empezaré por comprometerme a que ese día: no temeré a nadie en la Tierra, solo temeré a Dios, no guardaré rencor contra nadie, no soportaré las injusticias de nadie, conquistaré la falsedad con la verdad, y, al resistir la falsedad, toleraré cualquier sufrimiento».* Esta misión era de una persona que realmente dejó huella a su paso: Mahatma Gandhi.

- *«Ser una maestra. Y ser conocida por inspirar a mis estudiantes a ser más de lo que pensaron que podían ser».* Corresponde a otra personalidad bien conocida, Oprah Winfrey.

- *«Divertirme en mi viaje a través de la vida y aprender de mis errores».* Es la misión del millonario de éxito y fundador de Virgin, Richard Branson.

- *«Aprovechar el viaje, vivirlo coherentemente con mis principios y valores y cumplir en todos mis roles y dimensiones con excelencia. Éxito más allá del éxito. Camino de excelencia, grandeza, sabiduría, liderazgo y ejemplo».* Es la misión de uno de los autores de este libro.

- *«Disfrutar del camino (la vida) con trascendencia en un Dios que nos observa y unos compañeros de viaje que debemos cuidar, amar, respetar y comprometer en el viaje».* Es la perspectiva de otro de los autores.

Le recomendamos que busque el entorno de silencio, quietud y encuentro que comentábamos antes, piense en su misión, la escriba y la reformule hasta sentir que es efectivamente la suya. Y, una vez la tenga, la relea tantas veces como necesite, especialmente por la mañana y en sus «momentos de la verdad» para que le aporte claridad de acción.

Algunos líderes recurren a técnicas de relajación, meditación o yoga. Todo lo que contribuya a equilibrar cuerpo y mente ayuda. Elija su propio método. En el liderazgo no existen dogmas, solo caminos personales que funcionan o no.

SUS VALORES

«Sus valores» representan el aterrizaje a su día a día de la manera en la que piensa, cómo ve las cosas, qué mueve su vida, qué es aceptable y qué no lo es para usted. Su importancia es poder después verificar el grado de alineamiento de los mismos con su vida. Entre lo que cree y lo que hace. La existencia de brechas significativas es uno de los mayores problemas que puede encontrar. Si es el caso, mejor identifíquelas cuanto antes y empiece a ponerles remedio.

¿Por qué hablamos de valores y no de principios? Básicamente porque los principios son universales. Los principios son leyes naturales, externos a nosotros. Son por tanto independientes de nosotros. Los valores, sin embargo, son internos y subjetivos, y representan nuestra manera de ver la vida. Son aquellos paradigmas que orientan o deben orientar nuestra conducta. Son sus propios códigos morales. Respetar la vida de las demás personas, no matar, es un principio. El optimismo o el altruismo son valores. Como dice Covey, hasta un asesino tiene valores; lo que no tiene son principios.

La importancia de esta cara del cubo es plantearse qué ejes, qué pilares concretos, deben sustentar su propia vida. Los principios ya los conoce; aunque no piense en ellos los tiene interiorizados, salvo que sea un psicópata en serie, en cuyo caso seguro que no es un lector de este libro. Por tanto, plantéese cuáles son sus valores, para posteriormente identificar y corregir cualquier brecha que pueda existir con su comportamiento.

Ejemplos de valores tiene muchos, como pueden ser: esfuerzo, fidelidad, autonomía, justicia, gratitud, puntualidad, superación, sacrificio, sencillez o solidaridad.

Hay muchos más. Se trata de que elija los suyos propios. Un ejercicio puede serle útil: existen barajas de cartas[9] que representan valores, siendo cada carta un valor. Puedes hacerse con una de ellas y ordenarlas de la forma que tenga más sentido para usted. Y después quédese con las ocho o diez primeras que haya elegido. Una vez tenga los valores, escríbalos debajo del enunciado de su misión y reléalos de manera conjunta.

---

9   Editorial Kolima recomienda *Cartas mindfulness* de David Serrano. Puedes encontrarlas en este enlace https://www.editorialkolima.com/producto/cartas-mindfulness/

SUS ROLES Y DIMENSIONES

El propósito de pensar en términos de roles y dimensiones es proporcionarle una visión holística. Ser consciente de que el liderazgo no puede ser un ejercicio de egocentrismo, sino que formas parte de un entorno en el que interactúas con otros a los que debes darles su importancia; al mismo tiempo, ser conocedor de las distintas dimensiones que tenemos como personas y del equilibrio necesario entre ellas.

Los roles son específicos de cada uno mientras que las dimensiones son comunes a todos. Otra cosa es el grado de desarrollo que cada uno se plantee después o la mayor o menor armonía entre todos.

Las dimensiones son estas cuatro: la física, la mental, la emocional y la espiritual.

La dimensión física hace referencia a su estado de salud y forma física. Es evidente que ni todos tenemos las mismas capacidades ni los mismos objetivos respecto de nuestro estado de salud, pero no lo es menos que nuestro cuerpo es nuestro activo principal y le debemos prestar la suficiente atención. No es este un libro de nutrición ni de *fitness*, por lo que no profundizaremos más, pero sí hay que hacer una breve referencia a cómo articulamos esta dimensión.

Fuerza, resistencia, elasticidad y velocidad son los cuatro grandes aspectos sobre los que podemos trabajar, aunque la importancia de cada uno depende mucho de nuestra constitución, de nuestra edad y de nuestros propios objetivos. Pero asumiendo que el lector está ya en edad adulta le recomendamos que revise especialmente si trabaja suficientemente la fuerza. Hoy día, la evidencia científica de que la musculación proporciona amplios beneficios en el envejecimiento es indiscutible. Trabajarla junto con un mínimo de ejercicio cardiovascular nos proporcionará una mejora general que además retroalimentará el resto de dimensiones.

Por supuesto, la importancia de una alimentación equilibrada y sana, más el necesario descanso, son las bases sobre las que se articula esta dimensión. Es tanta la controversia en temas de nutrición que seguramente el mejor consejo es analizar lo que le sienta bien y los efectos que te provoca y a partir de ahí seguir tus propias pautas.

¿Cinco comidas al día sí o no?, ¿café sí o no?, ¿eliminar la fruta por la noche?, ¿batidos de proteína como complemento?, ¿utilizar suplementos?, ¿eliminar lácteos en la edad adulta? Son solo ejemplos de la controversia que genera este tema.

Cada vez parece más claro que aunque existen patrones comunes a todos (nadie duda de lo dañino de la bollería industrial en exceso, por ejemplo), cada uno tenemos nuestras propias especificidades y tolerancias: lactosa, harina, carne, huevo... Lo que sí es indiscutible es que las dietas milagro no existen y que el único camino es construir hábitos saludables.

La dimensión mental hace referencia al cultivo de nuestro intelecto. Siempre hemos pensado que con la edad se produce un deterioro neuronal inevitable. Hoy en día, aunque seguimos sabiendo bastante poco de cómo funciona nuestro cerebro, los grandes especialistas explican que existen procesos de regeneración de nuestra materia gris conforme al uso que le damos a la misma.

Es muy recomendable leer a Mario Alonso Puig al respecto, pues es todo un especialista que te dará mucha luz. Lo que sí es verdad es que en este país se lee poco y que poca gente se esfuerza por mantener vivo el espíritu del aprendiz. Cómo de importante es, qué poco sabemos de lo que hay más allá de nuestro campo de especialización, y qué gran beneficio nos hacemos a nosotros mismos cultivando el autoaprendizaje y reservando tiempo para la literatura.

La salud emocional seguramente puede ser su mejor amigo o su mayor enemigo. La proliferación de técnicas como el *mindfulness* o el éxito de autores como Goleman prueban la importancia cada vez mayor que le damos a este aspecto. El control de la impulsividad en particular puede ser su mayor aliado a la hora de enfrentarse a vicisitudes de muy distinto signo, tanto en el trabajo como en la vida personal. En esta obra hacemos más adelante referencia a las virtudes del yoga. Desde luego puede ser de una gran ayuda.

Al margen de eso, un hábito que puede serle muy bueno es arrancar el día reservando unos minutos a la meditación y a la visualización. Personalmente, tenemos pocas dudas de los beneficios de arrancar el día así más unos minutos de ejercicio, pero, como en todo, pruébelo y decida usted mismo. No hablamos nunca de verdades irrefutables, tan solo de experiencias personales que nos han mejorado, y mucho, la vida.

Por dimensión espiritual no queremos referirnos a religiones o creencias. Tan solo al estado de paz que tiene o no con usted mismo. Usted es bien consciente de ello. Cuando se mira al espejo, cuando le acompaña la quietud, usted y solo usted sabe si sus acciones están o no enfocadas de la forma adecuada. Es por tanto fundamentalmente una consecuencia de la forma en la que maneja las otras dimensiones, al margen por supuesto de cualquier creencia religiosa que pueda o no tener.

Los roles son los papeles que interpreta en su día a día; padre, hijo, esposo, jefe, compañero de trabajo o amigo son algunos de los roles que puede desempeñar. Se trata de ser consciente de ellos para continuar después con la construcción del cubo. Es decir, para permitirle planificar y ejecutar las acciones de forma coherente en función de los objetivos que se plantee en cada uno de ellos.

SU VISIÓN: OBJETIVOS DE LARGO

Una vez clarificados sus roles y dimensiones, el siguiente paso en la construcción del cubo es visualizar qué espera de ellos en el largo plazo, entendiendo por largo plazo un horizonte de tres a cinco años y en línea con la misión que ha formulado.

Es decir, para cada rol o dimensión piensa cuál es su estado ideal deseado. De alguna forma se trata de una planificación estratégica personal que debe movilizar sus acciones en los próximos años. Es importante que los objetivos de largo sean realistas, y sobre todo que le activen, que le movilicen, que le remuevan por dentro cuando los relea.

¿Qué estado de salud deseo tener?, ¿qué desempeño espero a nivel profesional?, ¿cuál es el nivel de relación que deseo para mi entorno familiar? Son algunos de los ejemplos del tipo de cuestiones relacionadas con ello.

Es importante que los objetivos sean SMART: eSpecíficos, Medibles, Alcanzables, Realistas y con un horizonte Temporal. Puede ser frustrante plantearse objetivos y verificar después que ha incumplido la mayoría de ellos. Como también es un sinsentido establecer objetivos mediocres que realmente no suponen ningún impacto en su vida.

SUS OBJETIVOS DE CORTO

Si el punto anterior es la planificación estratégica, este es el presupuesto anual. Se trata de pensar en términos de un horizonte temporal que le permita medir progresos y estructurar acciones. Habitualmente cuando pensamos en estos términos solemos planificar a doce meses, pero hay quien prefiere hacerlo a intervalos más cortos, como un trimestre. Una buena idea, como hacen muchas organizaciones, es definir tus objetivos para el año, pero al mismo tiempo tratar de mensualizarlos. Eso permite una monitorización mucho más continua.

Si visualiza un estado de salud a tres años en el que se ha quitado una serie de kilos y un determinado porcentaje de grasa, incluso donde se plantee completar una determinada prueba cardiovascular, se trata ahora de que piense en los próximos doce meses y, si puede, lo lleve a mensualidades. Muy bien, en tres años espero bajar de 80 kilos y terminar una media maratón. En doce meses espero bajar de 95 kilos y ser capaz de correr diez kilómetros en menos de una hora y cuarto. Para el próximo mes, mi objetivo será caminar tres días por semana media hora y bajar dos kilos.

Es evidente que son sus objetivos. De nadie más. Hay a quien un planteamiento como el anterior le parecerá como muy facilón. Otros lo verán inaccesible. Otros ni de lejos se plantearían un objetivo en estos términos. Todas las ópticas son correctas, pero solo una es la suya. Búsquela y defínala. Esa es la idea.

SUS CAPACIDADES Y EL PLAN DE ACCIÓN

Llegamos a la última cara del cubo. Ya ha llegado a un punto en el que ha definido su plan personal de liderazgo y en el que ha visualizado cómo y de qué manera se tangibiliza. Falta un último paso, el más importante: ponerse en marcha.

Como antes, puede haber acciones que requieran un horizonte temporal amplio. Pero es importante que después las lleve a micro-acciones más pequeñas en un intervalo, por ejemplo, semanal.

Veamos un ejemplo. Me he planteado un objetivo a largo consistente en una determinada promoción. Para el próximo año, el objetivo es alcanzar una determinada evaluación del desempeño que me sitúe en la senda que busco. Muy bien, ahora pensemos qué capacidades adicionales debo adquirir para ello, y qué acciones voy a hacer la próxima semana en esta dirección. Tal vez necesite una determinada formación y para la semana que viene voy a identificar alternativas en el mercado. O quizás sepa que necesito estudiar sobre una determinada materia y voy a buscar tiempo en mi agenda para ello. Voy a bloquearme un tiempo y voy a respetarlo.

De alguna forma, se trata de buscar una armonía entre todas las caras del cubo, una consistencia entre lo que pienso y lo que hago, un equilibrio entre mis objetivos de largo y los de corto, y una visión holística del conjunto de responsabilidades que tengo en mi vida. Un planteamiento así proporciona luz y ayuda a identificar acciones o compromisos que debe eliminar de su vida.

Puede preparar una hoja que incluya todo el cubo, como esta:

EL CUBO DE XXX. SEMANA DEL XXX AL XXXX				1- MISIÓN: XXX	2- VALORES: XXX						
3- Roles y dimensiones	4- Metas L/P	5- Objetivos C/P	6- Objetivos semana	Hora	Lunes	Martes	Miércoles	Jueves	Viernes	Sábado	Domingo
				6							
Esposo y padre	xxx	xxx	xxx	7							
				8							
Hijo y hermano	xxx	xxx	xxx	9							
				10							
Amigo y compañero	xxx	xxx	xxx	11							
				12							
Puesto de trabajo	xxx	xxx	xxx	13							
				14							
Yo- Físico	xxx	xxx	xxx	15							
				16							
Yo- Mental	xxx	xxx	xxx	17							
				18							
Yo- Espiritual	xxx	xxx	xxx	19							
				20							
Yo- Social	xxx	xxx	xxx	21							

EL SOSTENIMIENTO DEL MODELO: RIESGOS, RECOMPENSAS Y MONITORIZACIÓN

Una vez definido el cubo, queda un último paso: garantizar su sostenibilidad. Por sostenibilidad nos referimos a las actividades de monitorización, gestión de riesgos y a las recompensas que puede obtener.

Respecto de la monitorización, se trata de identificar una serie de indicadores que le permitan comprobar que avanza en la dirección correcta. Puede haber algunos muy objetivos, como el porcentaje de grasa, y otros más subjetivos que dependerán de que realice un ejercicio de reflexión consigo mismo en un entorno de quietud.

Piense qué indicadores y qué periodicidad necesita, pero es recomendable hacerlo al menos con periodicidad mensual. Hay quien utiliza sistemas como el auto-envío de cartas o grabaciones propias. Piense cuál le va bien a usted.

Respecto de los riesgos, consiste en identificar aquellas situaciones que boicotean sus sueños. Piense en aquellas ocasiones donde se desvió de lo que esperaba. ¿A qué se debió?, ¿en qué entorno sucedió?, ¿qué más podía haber hecho para evitarlo o corregirlo?

Las metodologías de gestión de riesgos siempre hablan de cuatro posibles respuestas al riesgo, conocidas con el acrónimo META: Mitigarlo, Evitarlo, Transferirlo o Aceptarlo. Por ejemplo, un riesgo puede ser conducir bajo los efectos del alcohol después de determinados encuentros sociales. Podría:

- Quedar con un taxista o un amigo que le lleve (Transferirlo)
- No acudir al evento (Evitarlo)
- No tomar más de un par de cañas y después pasarse al agua (Mitigarlo)
- No hacer nada por cambiarlo (Aceptarlo)

En cuanto a las recompensas, se trata de aquellos retornos materiales o inmateriales que van a acontecer en el desarrollo de su propio plan de acción. Es importante que les de el lugar que ocupan; esto es, como frutos en el camino, nunca como objetivos en sí mismos. Pero es lícito tenerlos y pueden ayudarle a avanzar. Un determinado viaje, un sueldo concreto o la casa de sus sueños son objetivos materiales.

Experiencias, momentos con amigos, situaciones divertidas, estados de plenitud o momentos de amor con su familia son recompensas inmateriales pero muy importantes.

Para nosotros ver este libro hecho realidad es una recompensa de nuestro propio cubo. Piense en las suyas y disfrútelas cuando lleguen.

CAPÍTULO 3
LIDERAZGO Y COMPETENCIAS EMOCIONALES

ASPECTOS EMOCIONALES EN LAS ORGANIZACIONES

El liderazgo personal y el organizacional no pueden ser analizados únicamente desde la oratoria racional y la dialéctica cuántica. Desde hace algunos años la venda calló de nuestros ojos y Daniel Goleman nos habló de la inteligencia emocional (IE) como elemento clave en la gestión de organizaciones y la gestión interior del liderazgo.

La inteligencia emocional es un concepto que se focaliza indistintamente tanto en las emociones (corazón y espíritu) como en el intelecto (capacidad racional y crítica). ¿Por qué es importante detenerse a analizar nuestra inteligencia emocional? Porque nos ayudará a conocernos mejor a nosotros mismos.

La IE[10] es una herramienta de gestión y una de las habilidades directivas más valoradas. Debemos hacer caso a

____

10   La pregunta que nos venimos formulando los expertos en Teoría de las Organizaciones es por qué algunas personas parecen dotadas de un don especial que les permite relacionarse bien con el resto de compañeros de departamento y/o equipo, así como con la Dirección, mientras que una gran mayoría en cambio no controla como debiera las relaciones interpersonales. ¿Tiene que ver con la empatía, la simpatía o la inteligencia emocional? Lo sorprendente es que aquellas no necesariamente son las más inteligentes y/o capacitadas de la organización. ¿Por qué unas personas tienen una mejor respuesta para enfrentarse a los desafíos, problemas y a las diferentes dificultades que se les presentan tanto el ámbito laboral como la vida en general?

nuestras emociones, pero al mismo tiempo, tendremos que liberar todo nuestro talento y nuestra energía. ¿Quién es el que facilita esto? Además de nosotros mismos y de nuestros jefes, el líder de la organización.

Es importante examinar el contexto en el cual estamos inmersos, ya que en las organizaciones los cambios estructurales y operativos resultado de la globalización y la revolución tecnológica (especialmente las comunicaciones) han tenido consecuencias no solo importantes, sino auténticamente transformadoras del *management* y el liderazgo.

FORTALEZAS INDIVIDUALES Y TRANSFORMACIÓN CULTURAL

¿Cómo se construye la fortaleza de una organización? La cultura organizacional se construye sobre la base de las fortalezas individuales[11]. Como las piezas de un mecano que

---

La inteligencia emocional la podemos potenciar y formarnos en las necesarias competencias emocionales, que se convertirán en auténticos instrumentos de superación personal y eficacia en nuestras tareas y relaciones. Del mismo modo, la ausencia de inteligencia emocional en los directivos, especialmente en los que pretender ejercer posiciones de liderazgo, puede influir tanto en la toma de decisiones acertadas o erróneas como arruinar una carrera profesional y personal prometedora.

La inteligencia emocional nos permite tomar conciencia de nuestras emociones, comprender los sentimientos de los demás, tolerar las presiones y frustraciones que soportamos en el trabajo, acentuar nuestra capacidad de trabajar en equipo y adoptar una actitud empática y social que nos brindará mayores posibilidades de desarrollo personal.

Ha sido Daniel Goleman el gran divulgador de esta teoría, que ha provocado un auténtico terremoto intelectual en los ámbitos de la psicología clínica y también social.

11   Conocer las cosas en las que una persona es fuerte y aquellas en las que sí necesita ayuda puede permitirle estabilizar su vida personal y facilitar las relaciones personales y profesionales. El conocimiento de uno mismo es no solo una poderosa herramienta, sino una de gran utilidad y de la que no somos conscientes una buena parte de las personas.

tienen que encajar, todas las piezas son importantes y deben ser igualmente sólidas. La complicación añadida cuando se habla de humanos es que estamos gestionando emociones, sentimientos, esperanzas, sinsabores... ¡expectativas!

La medida no es cuantitativa, sino excesivamente cualitativa. No hay posibilidad de ejercer un buen liderazgo si no se comprende el factor humano como pieza clave de ese gran engranaje que es una organización.

Podemos citar el caso de los estudios que Mark Buckingham realizó con más de un millón de encuestas que determinaban cómo se sentían los empleados de diversas empresas que formaron parte del panel.

Sorprendieron los resultados porque la clasificación era simple, aunque no por ello menos efectiva. Se consideraron tres grupos:

1. Los que estaban comprometidos con la organización y su trabajo
2. Los que, por el contrario, no estaban comprometidos con ninguna de las dos
3. Los que pertenecían a la categoría de «no comprometidos activamente»

Dos tercios de los encuestados formaron parte de esta tercera categoría: no comprometidos activamente, lo que significa algo así como un punto equidistante entre el no compromiso y el compromiso activo. No deja de ser preocupante para una organización tener a dos tercios de personal con esta tipología.

En realidad, lo que parece como una fortaleza para una persona no significa que no pueda ser de utilidad práctica para otra. Lo mejor que puede hacer un directivo, especialmente en puestos de responsabilidad, es ejercitarse mentalmente en cuanto a la identificación de las fortalezas y las debilidades que posee.

LIDERAR CON LA MENTE Y EL CUERPO

Al final de una dura jornada, ¿ha pensado alguna vez cómo se sintió ese día al encontrarse atrapado por algunas cuestiones menores pero que le han provocado una pérdida de tiempo, foco y dedicación de lo que de verdad era importante? Medítelo con calma y piense que a estas situaciones se les puede dar la vuelta. Quizá hubo algunos componentes emocionales (reto, afectividad, incertidumbre, afinidad) que le hicieron concentrarse en exceso en una cuestión menor y no en las más relevantes para la organización. Ya sabe aquello de que lo importante es lo primero y lo urgente puede esperar.

Hagamos un ejercicio de análisis interior. Pensemos en la jornada concluida y en la que está por venir, un ejercicio de meditación muy útil al terminar la jornada o al comenzar el día. El mecanismo es como sigue:

Concéntrese en qué le pidió a su mente inconscientemente para las tareas rutinarias de esa jornada y qué fue lo que le exigió extra ese día.

A continuación, busque algún significado en conversaciones con personas del departamento y/o equipo, justamente en las que estaban cargadas de novedades, información concreta (datos, estimaciones, etc.), a fin de deducir estrategias o conectar talento.

Piense en los *mails* que tiene aún por contestar, y especialmente en aquellos que le requerirán un análisis especial de información que tiene que solicitar a su personal.

Revise sus necesidades personales, tales como descansar, comer, disfrutar con la familia, etc.

Planifique lo pendiente, especialmente aquellas tareas que tiene que delegar y explicar cómo y por qué deben hacerse.

Este repaso es mejor que lo acompañe con una agenda o el bloc de notas del móvil. Si consigue encerrar sus fantasmas del día en la botella de cristal de la agenda, volverá con ansias renovadas al punto de equilibrio tan necesario para la relajación, la recuperación y el disfrute. Su mente habrá sanado con este sencillo ejercicio de meditación.

No se trata de una cuestión esotérica o divina, sino simplemente de ampliar la capacidad reflexiva, lo que se logra con un poco de paciencia y entrenamiento.

De esta manera el líder podrá hacer un mejor reconocimiento del entorno, mirar a distancia, tanto a su interior como a todo lo que le rodea: la organización y el mercado.

Entre los pensamientos que debe procurar activar cada mañana están:

- Reflexionar si es suficientemente flexible y próximo[12] en cada una de las peticiones de consulta que su equipo le haya formulado.

---

12 Todas las personas tienen sus límites, aunque una gran mayoría no es consciente de ello. Muchos quieren superarlos mientras que otros no, por desconocimiento o por soberbia.

Para los líderes, vencer sus límites es algo clave si quieren seguir subiendo en su particular escalera de la vida. Pero la verdad es que hay muchas personas en posiciones de autoridad que parecieran no querer mejorar sus habilidades de liderazgo. Ser más o menos próximo es una muestra de si sus habilidades van por buen camino.

Cuando un líder está en un cargo y su departamento parece no crecer, lo más seguro es que se deba a su falta de influencia sobre su equipo de trabajo. Si todo parece ir igual a cuando el líder llegó al puesto es porque no se está creciendo.

El conformismo y el liderazgo no van de la mano. Los cambios son como un sello o marca personal del líder, siendo tanto en el ámbito estrictamente humano como el de las relaciones interpersonales, los momentos en que lo hacen un verdadero impulsor de nuevos retos que llevan a todos a crecer hasta su máximo potencial.

Pero, ¿qué limita a un líder a ser un mejor líder? Son muchos los factores, pero sin duda uno bastante importante, y del que a veces el líder se percata tarde, es la falta de proximidad y sintonía con los miembros de su equipo. Puede incluso derivar en una situación por la que sea considerado insensible, aunque de hecho no lo sea.

- Si el día anterior tuvo buena predisposición, voluntad y paciencia en las explicaciones que haya tenido que hacer... y si no fue así hacer propósito de enmienda.

- Esté convencido de que en todo momento ha actuado con la transparencia y la honestidad que se le suponen. Pero, además, pregúntese a sí mismo si ese día ha cumplido con sus principios y valores en cuanto a las consideraciones personales, sentimientos y emociones de los demás.

- Y cuando acabe de resetear su mente, su estado de ánimo y sus valores, visualice el mapa mental del día y busque un espejo. Después, regálese su mejor sonrisa, piense en un ser querido y canturree aquella canción de Joan Manuel Serrat: «Hoy puede ser un gran día, plantéatelo así».

¡Pensamiento positivo! Dicen que somos lo que comemos, pero, sobre todo, somos lo que pensamos que somos. Aleja la negatividad del no y las frases negativas, refúgiese en retos, personas y recuerdos queridos.

El cerebro sigue siendo un desconocido para la ciencia, pero en materia de liderazgo nos conformamos con mucho menos que lo que pueden pretender los neurólogos y los biólogos, que son los que realmente nos van sorprendiendo con los avances que se van haciendo con el mayor conocimiento de la computadora central del ser humano. Por ello, cuando introducimos en nuestra mente imágenes y diferentes impresiones, tanto emocionales como racionales, a través de datos e información, todo queda almacenado de manera que pueda ser utilizado en el momento oportuno.

Los líderes efectivos que tienen una visión privilegiada del mundo tienen la capacidad de conectar con su interior[13] y con el exterior de manera simultánea, estableciendo prioridades. Su espíritu y su alma se conjugan al unísono con la mente, logrando una armonía emocional y estabilidad en la conducta que hacen que sean personas definidas como tranquilas, equilibradas, serenas, centradas, concentradas, etc.

MENTE Y CUERPO EN EQUILIBRIO PARA LA LIBERACIÓN DE TENSIONES

El yoga es una ciencia que se desarrolló en la India hace miles de años. Es el sistema más antiguo de desarrollo personal en el mundo y abarca el cuerpo, la mente y el espíritu. La misma palabra «yoga» traducida del lenguaje sánscrito significa unión, por lo que esta disciplina insiste en que cuerpo, mente y espíritu están unidos por estrechos lazos indivisibles que juntos conforman una maroma gruesa imposible de cortar pero que aislados son frágiles como nosotros mismos.

En Occidente lo plasmaron en el epitafio latino: «*Mens sana in corpore sano*», aunque la versión más popular es la adoptada por la marca japonesa de ropa deportiva ASICS: «*Anima sana in corpore sano*» (ASICS).

¿Mente o alma? Los mediterráneos no distinguimos mucho entre ambas cosas, pero la cita completa es: «*Oran-*

---

13   La introspección (del latín *introspicere* o mirar en el interior) se refiere a la idea de mirar dentro de nuestro espíritu y alma. Es cuando una persona revisa cuáles son sus principios y valores de actuación, aquellos que forman parte de lo que técnicamente se llama «mapa mental».

En el ámbito de la psicología, fue a finales del siglo XIX cuando Alfredo Binetti y Pierre Janet comenzaron a practicar la introspección para reflexionar sobre los propios pensamientos y las causalidades de los estados psíquicos como forma de psicoterapia.

dum est ut sit mens sāna in corpore sānō» (Sátira X, 356), lo que viene a ser: «*Se debe rezar para que se nos conceda una mente sana en un cuerpo sano*». Así pues, en origen sí que estaban las tres potencias del ser humano juntas en la *Sátira de Juvenalia* (Imperio Romano): el espíritu que pide a los dioses que la mente y el cuerpo tengan salud. ¡Piense que estas tres cuerdas enlazadas son una maroma irrompible como las que atan a los buques de guerra a puerto!

Volviendo al yoga, la práctica de esta disciplina oriental de respiración, relajación y estiramientos es una forma de equilibrar y armonizar el cuerpo, la mente y las emociones. Hay muchas ramas del yoga: Raja, Hatha, Jnana, Karma y Bhakti yoga. El Hatha yoga se ha convertido en la forma más popular y que más gente practica en Occidente en la actualidad. Hay muchas empresas que ofrecen sesiones dentro de sus instalaciones a sus empleados para facilitar este principio de salud física y mental, una práctica que se extiende junto a otras como el *mindfulness*.

El Hatha Yoga incorpora la práctica de *asanas, pranayamas* y *relajación*. Las *asanas* son las posturas físicas, la combinación de *asanas* o posturas que ejercitan cada parte del cuerpo, estirando y tonificando los músculos, las articulaciones y la columna vertebral. Esto crea una gran flexibilidad en todo el cuerpo, mientras que la tonificación de los órganos internos, glándulas, sistema nervioso, sistema respiratorio, digestivo, circulatorio, endocrino y reproductivo reciben de estos ejercicios todos los beneficios. Esta técnica, y también una filosofía de vida tan antigua, permiten mantener una salud mental y física equilibrada.

La práctica de diferentes movimientos, en combinación con la respiración, está haciendo una renovación constante de energía, eliminando la negativa y alimentando el cuerpo y la mente de la positiva.

Esto infunde en nuestro día a día, cuando se practica con regularidad, una mayor sensación de bienestar y relajación en el cuerpo y la mente, permitiendo que la vida fluya con mayor facilidad.

EL EJERCICIO DE UN BUEN LIDERAZGO REQUIERE DEL USO DE TÉCNICAS DE RELAJACIÓN

Afirmar que los líderes organizacionales actuales están muy ocupados es una obviedad. La cuestión no es tanto la cantidad de horas que dedican a ejercer sus responsabilidades, sino cómo el hacerlo les afecta y carga de tensión. Si no aprenden métodos para lograr cierta distensión, el cuerpo y la mente pasan factura.

El líder que por la noche en familia está viendo una película cómodamente con las piernas estiradas en el sofá pero con el portátil abierto y repasando *emails*, no desarrolla precisamente una forma de quitar tensión al largo día; más bien agrega una buena carga emocional hasta el último minuto antes de irse a la cama.

Y aunque a alguien le parezca complicado este cambio de actitud, puede lograrse gracias al placebo que supone sentirnos en buena forma física y mental, lo que nos provoca una gran satisfacción porque podemos compartir más horas de calidad con los nuestros.

Es una de las virtudes del liderazgo efectivo. Se llama «presencia» y consiste en una gran capacidad de concentración en lo que se está. Cinco minutos con el jefe en presencia real valen más que una comida de dos horas con él.

Igual pasa con el tiempo en familia. Por ejemplo, si compartimos una película con la familia deberíamos no hacer otra cosa y olvidarnos de los *emails*, los WhatsApps y las redes sociales.

El sentimiento positivo que se crea nos ayuda a ser conscientes de que estamos dedicando a cada cosa su tiempo y espacio; entonces nuestra capacidad para manejar el estrés y la carga acumulada de tensión no solo mejora, sino que nuestra confianza aumenta.

Lo de dejar el portátil en la mesa y no sobre las piernas mientras reposamos en el sofá es una señal clara de que ya hemos comprendido que es mejor sentirnos bien y relajarnos que creer que somos imprescindibles, que toda la organización y nuestra gente dependen de que estemos al frente hasta que el cansancio nos haga caer en la cama.

Nuestro estado físico y mental (cómo nos sentimos) es la primera de las cosas que debemos tener en cuenta si queremos afrontar los retos que se nos presentan a diario como líderes, a lo que hay que sumar los agobios propios de los negocios consecuencia de la complejidad actual de los mercados, la necesaria competitividad que tienen que mantener las organizaciones y el permanente estado de incertidumbre sobre cómo van a suceder las cosas a nivel macro.

Todo esto nos abruma y nos consume en exceso las energías disponibles en el cuerpo y la mente, lo que hace que haya días que directamente, como a casi todos nos ha sucedido en algún momento, hagamos uso de la expresión tantas veces pronunciada, aunque no por ello menos cierta, de: «hoy no puedo ni con mi alma».

Partimos de la base de que el tiempo de los líderes es limitado. Agendas demasiado comprimidas para poder llevar a cabo todos los planes diarios y semanales. Por tanto, si no se encuentra un tiempo y espacio para introducir ejercicios de meditación tipo yoga o similares (gimnasia respiratoria), la rutina operará como un dique de contención, haciendo que día tras día vayamos posponiendo esa decisión que no tomamos nunca de interrumpir la secuencia de tareas y responsabilidades para incorporar determinados ejercicios físicos y mentales, que además se pueden ejercitar en el trabajo, no solo en casa. Basta con saber buscar nuestro momento y que no nos interrumpan.

Este tipo de ejercicios no solo ayudan a mantenerse en forma, sino que puede vincularse cada uno de ellos a un aspecto de la responsabilidad del liderazgo. Al pensar en el ejercicio de esta manera, uno no se sentirá tan culpable por el tiempo dedicado a hacer el entrenamiento.

Debe recordarse siempre el principio que regula el estudio de las competencias emocionales: que las personas somos una masa de emociones contenidas dentro de un cuerpo y una mente. Esta última actúa como el disco duro de un ordenador, dando entrada a todo tipo de estímulos generados en el exterior que nos van sucediendo todos los días a lo largo de nuestra vida.

Por tanto, la pregunta es: ¿cada cuánto debemos hacer que nuestra mente lleve a cabo un ejercicio de distensión para liberarla de tantos *inputs* que terminan agobiándola? Esta percepción es privativa de cada persona y tiene mucho que ver con los hábitos que las personas realizan a diario. Por ejemplo, hay quien tres o cuatro días a la semana (algunos todos los días) se pone el equipo deportivo y practica unos cincuenta minutos aproximadamente de marcha forzada, *footing*, bici o simplemente camina.

Cuando estas actividades deportivas se convierten en un hábito que no podemos dejar de hacer, entonces sí habremos logrado desarrollar nuestro particular método de relajación que nos permita recargar baterías (llenarnos de energía) y revitalizar nuestra mente y nuestro estado anímico.

No desespere en el esfuerzo por generar hábitos reiterativos buenos (virtudes). Ya sabe que los expertos hablan de que se necesitan al menos veintiún días para generar estos hábitos. La teoría de los veintiún días la puso en marcha el doctor Maxwell Maltz tras publicar el libro *Phycho Cybernetics* en 1960. Decía que sus pacientes tardaban esos veintiún días en acostumbrarse a los cambios en su cuerpo: cirugía estética, miembros fantasmas (amputados), etc. Pero lo cierto y verdad es que esos veintiún días para generar rutinas que alivien nuestra psique del esfuerzo mental diario son una orientación que puede aumentar para rutinas más odiosas o recortarse en rutinas más sencillas de aprender y más estimulantes.

Si no complementamos la relajación mental con el ejercicio físico, no se terminará de descomprimir el mapa de tensiones que afectan a nuestra salud, esa sensación constante de sentirnos cansados, de que nos cuesta levantarnos e incluso entrar al ritmo habitual de nuestras tareas, «nuestra velocidad de crucero».

De ahí que sea bueno que repartamos tiempo entre actividad física y meditación, lo que no significa que una se tenga que hacer prescindiendo de la otra. Puede perfectamente practicarse marcha forzada durante una hora, pero previamente hacer ejercicios de precalentamiento muy suaves que consisten en gimnasia respiratoria, que aprovecharemos para pensar en el día o semana que tenemos por delante.

Además, ya conoce la teoría de las tres B. Se resumen así: los tres momentos del día más propicios para meditar son: la Bañera (tiempo de aseo), el *Bus* (tiempo de traslado al trabajo) y el *Bed* (el tiempo en la cama antes de dormir). El *Bed* (cama en inglés) proporciona también un tiempo extra para el líder que sueña y encuentra soluciones a sus negocios en el período de vigilia posterior al sueño. Dicen que así se diseñó el algoritmo de Google o se inventó la teoría económica de los ciclos.

Esos tiempos de meditación deben combinarse con momentos de relajación. Hay ejercicios que podemos hacer en casa, como por ejemplo centrar nuestra mente en la música que escuchamos con la cabeza reclinada y los ojos cerrados. La posición cómoda se tiene que lograr, no solo por acomodarnos en un sofá o sillón que nos sea agradable y que facilite la relajación, sino que hay que quitar o neutralizar los ruidos externos todo lo que se pueda (ventanas cerradas) y concentrarse en la música. De nuevo, hay que hacerlo con presencia, con intensidad, con atención.

Si logramos eliminar los estímulos externos (cualquier forma de ruido), la concentración será mucho más útil porque eso permitirá un nivel de relajación mayor y liberar energías negativas. En esa primera parte del ejercicio es conveniente hacer unas cuantas inhalaciones y exhalaciones profundas, porque la respiración lenta y pausada ayuda a que todo nuestro metabolismo se ponga en un punto neutro de tensión, justamente lo contrario a la carga constante de tensión que hacemos con nuestra mente mientras trabajamos.

La llave de este ejercicio es que debemos ser conscientes de que estamos practicando la relajación y no queremos pensar en nada. Pero para que nuestra mente no se vuelva a cargar de pensamientos y recuerdos sobre las tareas y responsabilidades que tenemos entre manos este mismo día, lo que hay que hacer es inhibir la entrada de pensamientos y datos así como de recuerdos, bloqueándolos de dos maneras: no dejar que entren en este momento (por ejemplo, olvidarse de la preocupación de una reunión que tenemos al mediodía), o si hemos sido incapaces de frenar dichos pensamientos que nos abruman, hacer que salgan inmediatamente de nuestro estado mental de relajación.

¿Cómo se hace esto? Hay que concentrarse en la música que estamos disfrutando, pensar en una imagen que nos sea grata y nos alivie de tensiones (por ejemplo, el recuerdo de unas vacaciones o una cena romántica), y sentir que esas emociones positivas se adueñan de toda nuestra mente y bloquean la agenda a la que inconscientemente siempre terminamos apelando.

El pensamiento positivo no solo es vital para emprender las acciones que debemos implementar día a día, sino que nos ayuda a superar enfermedades o problemas.

Son variados los ejercicios de meditación que se pueden practicar orientados a problemas concretos de liderazgo. Lo importante es no caer en el error de creer que por el mero hecho de tener un pensamiento positivo todos nuestros agobios y problemas quedan resueltos.

El pensar en positivo es una actitud, pero tiene que estar fundada en una visión clara y no en el auto-engaño, que lo único que provocará será un estado emocional posterior negativo, en cuanto nos demos cuenta de que lo único que pretendíamos hacer era creer que la situación la teníamos controlada cuando en realidad el control lo ejercía ella (la situación) sobre nosotros.

El líder efectivo tiene muy claros este tipo de errores y ayuda a su gente (les forma en ello) a que sepa cómo y cuándo afrontar el problema o de qué manera anticiparse al cambio. Por tanto, será este líder, que tiene mucha presión encima para que las cosas se hagan y salgan bien, quien deberá recurrir a métodos de relajación orientados a las acciones que hay que llevar a cabo.

Cuando se hace su composición de lugar de que no hay que preocuparse por nada (en realidad sí se está ocupando), lo que hace es marcar los límites de actuación de su parte y la carga emocional que tendrá para que todo vaya bien, por lo que la vinculación de una meditación u otro ejercicio de relajación y respiración profunda a la acción concreta de liderazgo tiene que pasar forzosamente por la *black box* (caja negra) que fabrica en su mente *ex profeso* para controlar las variables que están en juego.

Piense en ellas: tiempos, asignación de recursos, personas implicadas del equipo, capacitación y formación requerida, etc. En su mapa mental está perfectamente estipulado el orden de principios y valores que regulan el pensamiento. Pero, además de ello, tendrá que enfrentarse a las emociones (la carga que recibe a diario por las tensiones propias del cargo y responsabilidad), pero no podrá engañarse a sí mismo viendo lo que no es (focalizando mal) y negando una realidad que a ojos vista puede afectar a todo el proceso de dirección.

No controlar esta lucha entre emociones y valores le genera más estrés, lo que a su vez contribuye a agravar su estado emocional e incluso supone un riesgo de enfermedad (los nervios pueden descontrolarse y tener que ser tratados), o simplemente generar un malestar, pero que puede corregir.

Sin embargo, lo que verdaderamente tendrá un efecto curativo, tanto a nivel físico como emocional, será el ser capaz de tener la mente en paz y en silencio. Entonces, el ejercicio adecuado eliminará todas y cada una de estas preocupaciones. Porque cuando se está en silencio (existen terapias de silencio) y en plena meditación, lo primero que se hace es relajarse con el pensamiento de que sí cuenta con todos los recursos necesarios para afrontar el reto de liderazgo que identifica con precisión.

La tranquilidad y la quietud interior tienen también un gran efecto curativo (para la tensión y el estrés) porque desactivan los acumuladores de tensión, sean ambientales, del trabajo en sí, de la decisión que se está evaluando, etc.

Cuando se practica la meditación vinculada a la acción que tenemos que enfrentar, se incorpora un sentimiento de seguridad y confianza de que vamos a ser capaces de llevar a cabo lo programado a pesar de las dificultades. Estamos acallando la mente, bajan nuestras pulsaciones, la respiración es pausada y equilibrada.

SENTIMIENTOS, CUERPO Y ESPÍRITU POTENCIANDO UNA MENTE CREATIVA

Es tal la importancia de las emociones y los sentimientos en nuestra vida diaria, que tanto los pensamientos que tenemos como las palabras que decimos están continuamente conformando nuestro mundo y nuestras experiencias. Es nuestro yo armónico[14]. Es el inconsciente el que va a elegir los pensamientos que necesitamos para introducir mensajes positivos que nos faciliten una mejor focalización y ser más objetivos.

Al igual que el huerto que hay que regar para que los frutos crezcan sanos, nuestro cerebro nos permite irrigar las zonas teóricamente afectadas por alguna negatividad gracias a esos pensamientos positivos que nos hacen recargar baterías. Ante la explosión de un conflicto muy serio en una organización, que puede poner en riesgo su supervivencia futura, lo que se requiere de los líderes es calma para poder diagnosticar y decidir cómo actuar.

---

14   Armonía procede del latín *harmonĭa*, aunque sus orígenes más remotos refieren a un vocablo griego que significa «combinación» y también «ajuste». El término se utiliza frecuentemente en referencia a la combinación de sonidos que, aunque diferentes, resultan acordes.

En este capítulo utilizamos el término armonía para referirnos a la manera que una persona debe relacionarse tanto con sus allegados, familiares y amigos, como con los compañeros de trabajo. La armonía en las relaciones (al igual que en la música) es la garantía de que no habrá tonos disonantes (enojos no justificados, contestaciones fuera de lugar, etc.), pero no significa que solo se estructura para una vida en paz.

Puede haber un conflicto y una verdadera crisis en una organización, pero cuanta más armonía y confianza existan entre el líder y su gente, mejor saldrán las soluciones al problema al que se enfrentan, por la sencilla razón de que no se generarán elementos negativos que entorpezcan los esfuerzos y acciones que deban realizarse para afrontar la situación.

¿Cuál sería el pensamiento positivo a introducir? Analizar junto al personal cómo se actuó en una situación similar en el pasado. Si bien las circunstancias son otras, puede servir para insuflar optimismo en cuanto a la capacidad de liderazgo que demostró tener la empresa y conforme a la cual el nuevo líder tiene que actuar.

CAPÍTULO 4
ZONA DE CONFORT, ÉXITO Y ACTITUD MENTAL

LA RELAJACIÓN COMPROMETE
NUESTRA ACTIVIDAD

Las organizaciones son un punto de encuentro de acciones humanas e inteligencia compartida[15]. Más allá de los avances que la innovación tecnológica nos brinda día a día, la esencia de la actividad económica de los países pasa por las empresas, los emprendedores, los autónomos y las demás formas que adopte el intercambio de bienes y servicios en una sociedad. De ahí que la tecnología siga siendo un instrumento valiosísimo para el crecimiento y el desarro-

---

15 José Antonio Marina y Carmen Pellicer en su obra *La inteligencia que aprende* presentan un modelo integrador y completo de inteligencia, la Teoría Ejecutiva de la Inteligencia.

El punto de partida de este modelo sostiene que la función principal de la inteligencia a todos los niveles es dirigir el comportamiento para resolver los problemas que plantea una situación. Para ello, se maneja información y se articulan motivaciones y emociones. Y de ahí su importancia pedagógica, al ser un modelo vinculado a la acción.

Si bien esta obra está orientada fundamentalmente a los educadores, es evidente que su estructura sirve perfectamente para cualquier otro ámbito en el que tengamos que tratar la inteligencia, por ejemplo, en las organizaciones. Es especialmente interesante conocer qué es lo que mueve las relaciones interpersonales, el nivel de responsabilidad que asume una persona, el grado de empatía que tenga un líder con su gente y si está directamente relacionado con su nivel de inteligencia, o al menos que este, que se le supone elevado por su necesaria preparación técnica y profesional, no sea un impedimento para la integración de las tareas y la colaboración dentro del marco de funcionamiento de los equipos de trabajo.

llo; el conocimiento y la inteligencia, que condicionan y determinan la acción humana, son esenciales.

Con frecuencia los profesionales que aspiran a ocupar puestos de relevancia y desean poder ser considerados líderes empresariales, no llegan a tener una total consciencia sobre el alcance que tienen determinadas técnicas utilizables para potenciar aspectos de nuestra actividad mental, tales como memoria, la rapidez de respuestas, la resiliencia frente a la adversidad, etc.

Del mismo modo, son también muchos los que no le dan la necesaria importancia a lo que se conoce como «filosofías de vida», en cuanto a la capacidad que demuestran para mejorar el rendimiento mental al mismo tiempo que disminuir el nivel de estrés. Y en este abanico de posibilidades entran el *well-being*, una dieta sana, la práctica de ejercicio, así como la meditación y otras técnicas esenciales para bajar el nivel de estrés y lograr no solo un mejor rendimiento en el trabajo, sino una notable mejoría en nuestra calidad de vida, todo ello derivado de la cantidad de horas diarias que dedicamos a nuestro trabajo y que pueden pasarnos factura si no tenemos en cuenta cuáles son los mecanismos que desactivan la energía negativa.

Laura Hames Franklin[16], que se define a sí misma como entrenadora de cuerpo, salud y vida, afirma que si bien el yoga es importante como actividad de relajación y sirve para la meditación, eso no implica que sea una fuente exclusiva para canalizar nuestras tensiones.

---

16   Laura Hames Franklin es la CEO de www.laurahamesfranklin.com (Body Talk y Franklin Method). Profesional afincada en Nueva York de gran reconocimiento en los campos de la salud, el bienestar y el ejercicio. Ella no escatima en presentarse de forma muy original diciendo: «*Estoy aquí para ofrecer mi know-how y experiencia, así como toda la información y herramientas para descubrir puntos de vista, un cuerpo más feliz y vida saludable, así como otras posibilidades*». Tanto el lenguaje corporal como el «Método Franklin» son puertas para descubrir más profundamente en qué nivel se encuentra una persona en la armonía entre su mente y su cuerpo.

¿Por qué decimos que la tensión en sí misma puede no ser un problema? Porque es evidente que el ritmo al que se trabaja, la manera en que se tienen que asumir responsabilidades casi sin límite de horario en las organizaciones, por sí solos generan tensión por más que no haya problemas a la vista. Eso sí, podrían surgir problemas que no deberían haberse producido porque el directivo, el mando intermedio o el personal de base estén sobrecargados de tensión por exceso de trabajo, y la carga se convierte en un elemento negativo que no les deja ver con claridad, con lo que terminan sucediéndose situaciones de tensión negativas y estresantes que en principio no lo eran.

Un buen liderazgo requiere el uso de técnicas de relajación.

Laura Hames Franklin sostiene que existen otras consideraciones (las que llamamos filosofías de vida) que también pueden beneficiar la actividad profesional de una persona, sea cual sea su trabajo y responsabilidad en una organización. Pero además, no cabe duda de que mejorará su aspecto estrictamente personal porque facilitará las relaciones interpersonales, ya que le ayudará a disminuir el nivel de tensión, que como la energía estática se acumula y a veces nos lleva a esa expresión de «ya no puedo más, voy a explotar».

Cada vez que hablamos de tal o cual líder, o del liderazgo en general, siempre se tiene la idea preconcebida de que deben ser personas con un alto grado de atención y concentración en lo que hacen. La pregunta es ¿cómo lo hacen?

Hay algunos líderes que tienen condiciones y talento naturales que no exigen preparación mental ni física. Son unos pocos privilegiados. Pero la gran mayoría de personas, que incluso son consideradas líderes natos, requieren de sus momentos de esparcimiento y relajación para poner sus ideas en orden.

Tener una sesión de yoga[17] es una pausa que deberíamos utilizar. Por ejemplo, está demostrado científicamente que genera una productividad positiva por la tarde. Digamos que se re-energiza el cuerpo, y por ende la mente. Se ven las cosas más claras que unas pocas horas antes.

Sin embargo, no deja de ser admirable que los expertos en salud, entrenadores y preparadores físicos argumenten que tenemos que adoptar un enfoque más holístico hacia el bienestar. Ya no se trata de conseguir veinte minutos de ejercicio como solución rápida para un día de trabajo duro. Este no es el camino. Debemos dejar de crear estas separaciones entre el trabajo, la mente y el cuerpo; es lo que afirma Laura Hames Franklin, entrenadora más coloquialmente conocida como «El arma secreta del empresario«. Ella sostiene que el cuerpo, y cada una de sus partes, en realidad tienen conciencia de sí mismos. *«Usted es un todo»*, dice Hames Fanklin. Sentimientos, cuerpo y espíritu potenciando una mente creativa[18].

---

17   El yoga es una disciplina, más que un deporte, porque no trata solo de cultivar el cuerpo, sino también la mente y el alma. Es milenaria y proviene del gran subcontinente asiático que es la India, país en el cual es una práctica de meditación muy común en el hinduismo.

Por tanto, es importante tener claro para los que deciden empezar a practicarlo, que no es solo una disciplina física limitada a realizar ciertas posturas o ejercicios respiratorios. Tras la palabra yoga se encuentra una milenaria filosofía que hasta nuestros días demuestra su vigencia.

En la *Bhagavad Gita*, a veces llamada la Biblia del hinduismo, existe una extensa literatura sobre el yoga y continuas referencias en los diferentes textos. Aunque sería con el texto clásico los *Yoga sutras* de Patanjali cuando quedaría sintetizada la filosofía del yoga. Porque fue Sri Patanjali el maestro y fundador del yoga hace 3.000 años, que regaló a los que practicaban esta disciplina el llamado Ashtanga Yoga (que corresponde al yoga de los ocho estadios o miembros), también conocido como Raja yoga.

Los objetivos son el control de las alteraciones mentales, la reducción de los sufrimientos, el desarrollo de la espiritualidad y la capacidad de discernir entre lo bueno y lo malo.

18   Una vez más recurrimos a la doctrina. En este caso, a un estudio de una de las principales escuelas de negocio de Noruega, la BI Norwegian Business School. Esta institución educativa llevó a cabo una investigación para determinar los factores que diferencian a las mentes más creativas del resto.

Los seres humanos somos un cúmulo de sentimientos que están alojados en nuestro cuerpo y forman parte ineludible de nuestra existencia. Separar mente y cuerpo es del todo absurdo; Hames Franklin tiene toda la razón. Está en línea con las nuevas investigaciones que en los últimos años demuestran cómo determinadas actividades físicas y algunos cuidados concretos (como el sueño y la buena alimentación) están detrás, no solo de la salud del individuo, sino de su bienestar mental y del cumplimiento de los objetivos. Cumplir con todos estos retos físicos, psíquicos y espirituales contribuye igualmente a ese desafío del envejecimiento activo en una sociedad cuyos individuos vamos a vivir cien años de media. La nutrición, la sanidad y la investigación así nos lo aseguran.

Mientras que muchos expertos en preparación física tratan de localizar una o varias áreas sobre las que actuar

---

¿Qué caracteriza a una personalidad creativa de aquella otra que no lo es? Llegaron a la conclusión de que al menos existen siete factores claves que condicionan y determinan una personalidad (mente) creativa.

El estudio lo llevó a cabo el profesor Oyvind Martinsen consistiendo en la formulación de 200 preguntas a 481 personas divididas en tres grupos principales: uno compuesto por profesores, gestores y directivos; otros dos grupos compuestos por gente generalmente considerada creativa, por ejemplo, estudiantes de publicidad y también artistas.

Se es creativo, según el estudio, si se combinan, entre otras, las siguientes siete cualidades:

1. Ser al mismo tiempo realista e imaginativo. O sea, poder llevar a la práctica las ideas.
2. Anteponer la originalidad a las reglas. El ser creativo no se deja atrapar por reglas, normativas y procesos para poder presentar ideas originales. A veces un simple cambio del ángulo de miras nos da una perspectiva diferente para el análisis de un problema que preocupa a la dirección. Esto nos llevaría muy lejos al concepto de pensamiento lateral y otras técnicas de generación creativa.
3. Tener alto nivel de motivación.
4. Ser ambicioso por naturaleza.
5. Mantener una posición flexible frente a los cambios.
6. Vivir con mucha intensidad sus ideas y creencias, teniendo una percepción que les afecta más que al resto de personas, porque se preocupan también demasiado.
7. Ser personalidades individualistas y de mucho carácter, a veces difíciles en el trato con los demás.

como las más recomendables para determinada persona, no debemos obsesionarnos con que una o dos cosas serán nuestra particular panacea, la solución que todo lo abarca. No cabe duda de que tienen el beneficio adicional de ayudar a las personas a mejorar su estado físico y mental, pero depende de cómo se encare nuestra actividad de relajación, preparación física y meditación; ahí estará nuestro éxito o fracaso en cuanto a alcanzar niveles más altos de enfoque y determinación. Estos son sus consejos para alcanzar su máximo potencial en su actividad profesional:

1. Visualice imágenes en la mente

Las imágenes pueden ayudar a una persona a reconfigurar su cerebro para lograr el máximo éxito en lo que emprenda sin crear estas separaciones conceptuales, en referencia clara a determinados tipos de actividad que uno adopta como una especie de religión diaria o con cierta frecuencia durante los días laborables. Hames Franklin propone un ejercicio simple que utiliza con las personas a las que entrena.

Se trata de cerrar los ojos y centrarlos, por ejemplo, en el hombro izquierdo. Inmediatamente hay que imaginar que el hombro se convierte en una hermosa cascada de oro. A continuación, hay que girar el hombro hacia fuera, notando los músculos a lo largo del brazo. Hames dice que uno debe notar el cambio de energía a medida que avanza a través de este movimiento. Momentos después, se procede a extender el brazo y sentir la diferencia entre el derecho y el izquierdo. No debe haber más propósito que aumentar nuestra concentración (una especie de intención que aumenta nuestras sensaciones y percepciones).

Este ejercicio puede hacer que se encuentre más a gusto con su cuerpo y mejore el nivel de atención, que será capaz de extender entonces también a su actividad profesional.

2. Haga ejercicio con regularidad

Debido a que Hames Franklin ve la mente y el cuerpo como interconectados, dice que practicar bastante ejercicio es necesario para el éxito profesional y personal. Ella personalmente toma clases de ballet varias veces a la semana con su marido y anima a sus clientes a hacer lo mismo. Hay que tener en cuenta que *«esto no es una clase de ballet ordinaria: se permite usar calcetines y se fomenta la retroalimentación positiva»*.

Si no es el ballet, entonces tal vez sea el yoga, practicar *footing* o incluso dar un paseo alrededor de la manzana. Es una cuestión a la que Hames se refiere como algo «concertado» (podría ser planificado, incluso un hábito que ya hemos creado con esa actividad).

En pocas palabras: ese tipo de esfuerzo físico rutinario casi siempre se traducirá en un mayor confort en su actividad profesional, convirtiéndose en una solución a largo plazo.

3. Coma bien e hidrátese

¿Cómo podemos mejorar estos llamados «enlaces mente-cuerpo»? Para empezar, hay que beber mucha agua durante todo el día de trabajo. Mantener a los trabajadores hidratados es «la cosa más importante que un CEO puede hacer» para fomentar una comunidad de empleados saludables, felices y productivos.

Por supuesto, el mantenimiento de una dieta equilibrada es otra pieza clave del rompecabezas, confirmando lo que ella llama «*Superhuman Breakfast Challenge*». ¿En qué consiste? Viene a significar, literalmente y en su acepción coloquial, que es vital desayunar casi de manera sobrehumana y que ello se convierta en un auténtico desafío para su cuerpo y mente. Ahí afloran todas las energías, porque se está generando un auténtico motor que le impulsará el resto de la jornada.

Hames sostiene que aprender la manera en que va a trasladar a su actividad profesional (su negocio) todas estas energías nuevas que se generan ayuda a su cuerpo y a su mente, pero en realidad son una misma cosa. A veces no tenemos muy claro esta consideración.

La idea de participar en una sesión de yoga de veinte minutos no viene de una concepción estrambótica de la vida ni de gurús fanáticos de la salud. Es simplemente la demostración de cómo determinados estudios confirman la necesidad de potenciar la actividad mental y mejorarla. A partir de un reciente estudio realizado en la Universidad de Illinois en Urbana-Champaign, el objetivo no es solo mantenerse delgado, flexible o más fuerte, sino impulsar la función cerebral.

Una vez más las investigaciones pasan a ser parte de la doctrina y los líderes deberán tener en cuenta muy especialmente todos aquellos aspectos que estén relacionados con estudios sobre la mejora del cuerpo y la mente, porque la armonía de ambos elementos condicionará nuestra calidad de vida y el rendimiento en nuestras tareas profesionales.

Nunca falla la recomendación de que el yoga es mejor que ir a correr. Aunque hay muchas formas de relajarse mediante otras técnicas[19].

---

19   Los ejercicios de meditación y respiración son conocidos por su capacidad para reducir la ansiedad y el estrés. Los de relajación consisten en

suprimir la tensión muscular y mental producida por situaciones prolongadas de estrés y ansiedad, mediante sencillas técnicas y el control de nuestro propio pensamiento, que tienen como objetivo alcanzar un estado de calma y paz interior. Este es el objetivo de la relajación.

¿Quién puede hacer estos ejercicios? Puede realizarlos cualquier persona sana, pero están especialmente indicados para las personas que sufren trastornos de ansiedad o depresión, o que están expuestas a largos periodos de tensión y estrés, así como trastornos del sueño, dolores musculares u otros síntomas entre los más frecuentes.

Cómo practicar los ejercicios de relajación:

- Se puede hacer un ejercicio básico que es sentarse, de manera que las piernas queden en ángulo de 90º, apoyando los antebrazos en los muslos y poniendo la cabeza en posición de descanso inclinada sobre el pecho, lo que hace que el cuello se relaje bastante
- Se debe escoger un lugar tranquilo y agradable, con luz cálida, pudiendo añadirse música relajante, porque lo importante es sentirse cómodo.
- Estos ejercicios se pueden hacer dos a tres veces por día, por la mañana, a mediodía y por la noche antes de dormir.

En cuanto a la meditación, también hay que seguir determinados pasos que nos faciliten entrar en relajación muscular y mental:

- Lugar tranquilo que aporte relajación. Puede ser en el interior de nuestra casa o al aire libre en un entorno natural que facilita mucho el que desconectemos de nuestras actividades y responsabilidades diarias.
- Elegir una posición lo más cómoda posible; lo ideal sería sentado en una silla o en el suelo. Para ello hay que cruzar las piernas y tratar de mantener la espalda lo más recta posible sin tensionar los hombros ni el cuello, para que la energía fluya fácilmente.
- En cuanto a la cabeza, debemos mantenerla erguida, pero con la barbilla un poco inclinada hacia abajo.
- Las manos debemos ponerlas de manera relajada sobre las piernas, una en cada pierna y con las palmas hacia arriba o una mano sobre la otra, formando con la mano derecha un puño que la izquierda agarra.
- Una vez que hemos logrado esta posición cómoda y relajada, hay que practicar una respiración profunda; para ello inspiramos lenta y profundamente hinchando primero el abdomen, luego el pecho y por último las clavículas. El aire se mantiene contando hasta diez y expulsándolo luego deshinchándose en orden inverso a la inspiración.
- Sin forzarse hay que aguantar sin aire hasta que el cuerpo lo pida y se comienza de nuevo a inspirar, repitiendo todo este proceso diez veces antes de comenzar a meditar. Durante la meditación la respiración debe ser lo más tranquila y pareja posible.
- Ahora ya estamos listos para meditar. Cierre los ojos e imagine la llama cálida y relajante de una vela, manteniendo esa imagen durante varios segundos. Con la llama firmemente grabada en la mente, estamos llevando de manera tranquila y pausada esa imagen a nuestro propio espacio mental para la imaginación. La hacemos bajar iluminando y purificando todas las partes del cuerpo por donde la llama transcurre. El tiempo que nos resulte cómodo, se debe mantener la llama recorriendo partes de nuestro cuerpo (cabeza, pecho, el lugar del corazón, etc.).

Los investigadores reclutaron a treinta voluntarios para una prueba en la que se comparaba las bondades de una sesión de yoga con un período igual de tiempo dedicado al ejercicio aeróbico moderado. La mitad de los participantes en el estudio se dedicaron al yoga, la otra mitad al aeróbic. Cuando los dos grupos se pusieron a prueba para la verificación de la función mental *a posteriori*, los que practicaron yoga obtuvieron mejores resultados.

El autor principal de la investigación, Neha Gothe, afirma que «*parece que después de la práctica del yoga los participantes fueron más capaces de concentrar sus recursos mentales, procesar información rápidamente, con mayor precisión, y también aprender, mantener y proceder a una actualización de la información de manera más eficaz que después de realizar una serie de ejercicios aeróbicos*».

Los científicos aún no están seguros de por qué el yoga supera al ejercicio aeróbico estándar, pero especulan que los ejercicios de respiración que son parte de una práctica de yoga o la naturaleza meditativa de una sesión podrían ser la clave. Los ejercicios de meditación y respiración son conocidos por reducir la ansiedad y el estrés, lo que a su vez puede mejorar las puntuaciones en algunas pruebas cognitivas.

Los estudios también indican que la meditación puede ayudar a los empresarios a enfrentarse bien a los sesgos que tiene su actividad y tomar decisiones de manera más sólida y segura.

En este nivel de concentración, en el que la llama es más intensa y proporciona una agradable sensación de bienestar, hay que tomarse el tiempo necesario y tratar de relajar aún más la mente y no pensar en nada. No se debe luchar contra los pensamientos, sino observarlos y dejarlos marchar.

METAS Y MOTIVACIONES

Pasemos ahora a explicar la dinámica de la conducta.

La importancia de conocer bien la meta que se quiere conseguir

Si hay que vincular la palabra meta a un tiempo de verbo, no hay duda de que es el futuro. Se utiliza para definir un estado deseable para una persona que algún día espera poder conseguirlo.

Para que esto ocurra, el objetivo tiene que ser posible y técnicamente alcanzable, a pesar de que proponerse lograrlo le suponga obstáculos y ciertas dificultades. A quien busca afanosamente su meta no le importa cuánto esfuerzo deba hacer para conseguirla, si la meta le está abriendo la mente y sus expectativas de progreso. Lo que sucede es que no será posible recorrer el camino si no se impone objetivos parciales que le vayan encaminando hacia él.

Si se quiere saber el nivel de motivación que una persona tiene para alcanzar determinada meta, basta con hacerle enfrentarse a determinadas dificultades y comprobar que no se va a echar para atrás.

Pero la meta es mucho más que establecer un objetivo plausible: es en sí misma un factor energizante que dirige la acción y la conducta de las personas. Obviamente la conducta es motivacional porque también está encaminada a conseguir unos objetivos establecidos.

Una vez que se establece una meta, la persona tendrá que aplicar diversos métodos para poder ponerse en marcha hacia la misma. Tendrá que tener muy claro cuáles serán los esfuerzos (tanto anímicos como físicos, así como de conocimiento y experiencia) y cómo se asignen los recursos cuando la meta es organizacional (estrategias, objetivos, decisiones, etc.).

A nivel personal, cuando la meta está clara asumimos un compromiso propio. En el plano organizacional, si formamos parte de un equipo que tiene previsto cubrir determinada meta, estableceremos un compromiso con el objetivo propuesto en coordinación y perfecta cohesión con el resto de miembros.

El esfuerzo y la persistencia en la obtención de una meta será tanto mayor cuando más claramente definida esté e implique un cierto nivel de desafío o dificultad (reto), lo que afectará a la valoración de ese futuro (estado diferente de cosas) que aspiramos a lograr. Una vez puestos en carrera, tanto las personas como las organizaciones tienen que contar con toda la información acerca de cómo se están desarrollando los procedimientos que se han decidido emplear para encaminarse a la meta. Se revisarán tanto objetivos parciales como estrategias. Y en caso de que se requieran ajustes o cambios, hay que proceder sin dilaciones, porque se corre el riesgo de que finalmente la meta originalmente fijada no sea factible alcanzarla.

Las estrategias de actuación se verán afectadas por la complejidad de la meta. Cuando es simple, la acción se verá condicionada por aspectos motivacionales como el esfuerzo y la persistencia; cuando es compleja, predominarán aspectos cognitivos como la preparación de planes y estrategias.

Una meta motiva a una persona en la medida en que la acepta y se siente comprometido con ella. Si el compromiso es grande, movilizará mayor esfuerzo. El que otras personas conozcan la meta, la presencia de recompensas o percibirse con las habilidades necesarias para alcanzarla, aumentará el grado de compromiso con el logro.

Lo que sí hay que tener muy en cuenta en el liderazgo efectivo es regular de manera eficaz el esfuerzo personal que el líder ponga en el camino hacia la meta, a la que dará prioridad siempre frente a la organización, luego frente al personal y, en último lugar, frente a posibles intereses personales.

El esfuerzo por alcanzar las metas de un líder destacado dependerá de la expectativa que tiene de poder lograrlo (grado de seguridad) y del valor que tiene para la empresa, personal y a título individual, el objetivo principal que se ha fijado.

Suponiendo que cuando se combinan expectativa y valor uno de los dos es notoriamente bajo, la meta no sería de utilidad y el líder no se esforzaría por conseguirla. Si quiere motivar a las personas de su entorno y a otros departamentos y/o equipos, el primer motivado y motivador debe ser él. Por tanto, deberá revisar expectativas y valores.

En ocasiones, una persona se enfrenta a metas incompatibles entre sí. Este conflicto entre metas implica sentimientos de aceptación y rechazo. Esto puede provocar que las personas inhiban determinadas conductas, piensen excesivamente en las metas en conflicto y experimenten malestar psicológico.

Aunque el establecimiento de metas y el camino hacia su logro son elementos motivacionales, en el proceso intervienen aspectos cognitivos; por ejemplo, tras el éxito o fracaso en la superación de los objetivos menores, la persona realiza uno o varios análisis para determinar cuáles han sido las causas.

Hacer este diagnóstico influye en la formación de expectativas sobre el rendimiento futuro y provoca respuestas afectivas. Es evidente que el componente emocional tiene un rol preponderante. En caso de que la parte afectiva esté muy influenciada por la dimensión del diagnóstico de situación, habrá que ver cuál es la parte del análisis futuro que dé más estabilidad al proceso de búsqueda de la meta, que estará muy influenciado por la parte cognitiva. O sea, análisis crítico.

Las metas tienen tres tipos de propiedades:
- Componente cognitivo
- Componente afectivo
- Componente conductual

El componente cognitivo incluye representaciones o imágenes mentales de la meta, pudiendo ser jerárquicas, porque se clasifiquen en objetivos menores o temporales frente al objetivo final. Los procesos cognitivos son fundamentales cuando se tiene que analizar la información disponible antes de la toma de decisiones para la implementación de acciones.

El componente afectivo incluye el grado en que las conductas vinculadas con la meta se asocian con reacciones afectivas de aproximación, miedo, ira, etc.

El componente conductual incluye acciones asociadas con el plan para obtener una meta.

Estos tres elementos se relacionan entre sí y pueden variar en su grado de significación. Es evidente que en la psicología de una persona la meta tiene un componente cognitivo fuerte; pero si el afectivo es débil, puede ser considerada como una actitud o valor.

En caso de que la meta tenga un componente afectivo fuerte y cognitivo débil, puede ser considerada un impulso o deseo. Una meta con una estrategia bien desarrollada expresa una intención firme y decidida; por el contrario, una meta sin un plan elaborado puede ser una fantasía o una ilusión.

Las conductas dirigidas a una meta se mantienen durante largos periodos de tiempo. En esta estabilidad intervienen distintos factores: las imágenes almacenadas en la memoria (imaginar la meta produce la reacción afectiva positiva asociada con ella), y el organizar la meta en una jerarquía (el superar submetas activa reacciones positivas que ayudan a mantener el camino hacia el objetivo final). Aunque la persona no reciba refuerzo externo positivo por superar submetas, puede desarrollar estrategias propias, utilizando como elementos motivadores ciertas fuentes internas de refuerzo.

RECUPERAR EL TIEMPO PERDIDO

El buen liderazgo, además de ser el instrumento idóneo para la mejora efectiva del nivel de vida en las sociedades modernas y democráticas, tiene que asumir un rol importantísimo en cuanto a la forma en que los líderes deben actuar para paliar los efectos de las turbulencias económicas e implementar mecanismos de crecimiento que, por las características dinámicas de la sociedad actual, plantean un desafío cada vez mayor.

Cuando el caos se apodera de una sociedad, como en el caso del terrorismo islamista que azotara entre 2016 y 2019 países desarrollados como Alemania, Reino Unido, Francia y Bélgica, la tensión y la incertidumbre están siempre a flor de piel con la mirada puesta en la capacidad potencial de que se puedan provocar nuevos atentados. Esto se había convertido durante este período en un reto constante, no solo para los cuerpos de seguridad y policiales, así como para el Ejército de los países de la Unión Europea, sino especialmente para los líderes políticos y empresarios, que se afanaban en buscar el camino para que no se produjesen nuevos ataques en sus entornos, tomando las medidas políticas y defensivas adecuadas para neutralizar cualquier amenaza antes de que un ataque pudiera ser llevado a cabo.

Si a nivel de las máximas instituciones europeas parece a veces que no se está preparado para gestionar situaciones de tal incertidumbre y peligrosidad, qué puede decirse de la otra fase de los hechos que pueden considerarse inciertos, como es el comportamiento de los mercados y la perspectiva de crecimiento global, en un mundo cada vez más consciente de la falta de una distribución equitativa y más igualitaria de riqueza, las guerras que están por ejemplo a las puertas de Europa, como es el caso de Siria, etc.

El liderazgo en una situación de crisis es muy diferente del liderazgo en un tiempo de condiciones normales, que lleva a los líderes, tanto políticos como empresariales, a estar trabajando diariamente con elevadas dosis de riesgo porque no se pueden controlar todas las variables del entorno.

Por tanto, el liderazgo efectivo debe lograr, tanto en los gobiernos como en las diferentes corporaciones de gran tamaño y millones de empresas tipo PYME, herramientas útiles que puedan ser la base para responder y recuperarse de cualquier crisis.

Al mismo tiempo, hay que recuperar el tiempo perdido. Pero para que la recuperación sea posible, primero debe existir la actuación. Esta requiere de un diagnóstico y una toma de decisión.

Los modelos operativos de la organización que proporcionan la línea de base para una empresa de buen funcionamiento en tiempos normales se evaporan durante una crisis, poniendo al liderazgo en una situación de incertidumbre y caos. Y esta puede ser gestionada con éxito razonable si se llegan a comprender cuáles son los impactos que afectan a empresas y gobiernos, así como sus consecuencias.

Analicemos algunas de las circunstancias más claras que se anteponen al liderazgo en situaciones de crisis:

- Tensión y estrés: en cualquier crisis, los líderes son empujados a un ambiente de gran presión que los somete a una enorme tensión psicológica, mental y física. Incluso la decisión más pequeña, tomada bajo estas circunstancias puede resultar tremenda y dura.

- Aceleración de los acontecimientos: la velocidad a la que pueden ocurrir los hechos deja poco espacio de maniobra y tiempo para la consideración reflexiva o la consulta. En una crisis los mundos chocan y el tiempo es la primera víctima.

- Disponibilidad de las personas idóneas: es posible que las personas adecuadas no estén disponibles para responder a la crisis, lo que provoca que líderes sin formación y experiencia sean llamados a entrar en la toma de decisiones. Sin las personas adecuadas la organización tropezará en tiempos normales, pero durante una crisis los problemas se acentuarán exponencialmente.

- Déficit organizativo: las empresas y los gobiernos no necesariamente están organizados para gestionar de manera razonable cualquier crisis. De hecho, la jerarquía organizacional puede ser un obstáculo para la respuesta y la recuperación. La flexibilidad para adaptar la organización a la situación es crítica para el éxito.

- Actores en el nuevo escenario: la cantidad de personas físicas y jurídicas (incluyendo instituciones del estado) que entran en juego es muy importante. Nuevos canales de comunicación, expectativas que hasta hoy no se habían planteado, etc.; cuando todos estos elementos convergen simultáneamente, se dificulta la tarea de liderar, y más aún de hacerlo con efectividad.

- Los proveedores, los reguladores, las familias, los clientes, la aplicación de la ley... requerirán tiempo de los líderes y acción.

- Canales de comunicación adecuados: puede ocurrir que los canales normales de comunicación no estén operativos o que estén sobrecargados, necesitando nuevos canales y protocolos que deben ser dominados rápidamente.

- Medios de comunicación: el líder en crisis tiene amplificado el centro de atención de los medios de comunicación porque todos esperan informar y encontrar culpables.

- Simplicidad: la simplicidad es la clave de una crisis. La simplicidad finalmente gana. Cuanto más compleja es la solución propuesta por el líder, menos probable es alcanzar el éxito final y salir bien parado de la misma.

- Comprender el impacto que una crisis tiene para el líder es fundamental para entender lo que desde el liderazgo puede hacerse para aminorar los impactos negativos.

Siguiendo la experiencia demostrada de buenos líderes y cómo han actuado durante una crisis en los negocios, la forma más rápida de perder ventaja en el ejercicio del liderazgo es justamente no demostrar el equilibrio y la templanza necesarios durante el desarrollo de la misma.

Las crisis tienen diferentes fases de impacto en las organizaciones, por lo que la estabilidad emocional, el diagnóstico adecuado y la naturalidad para gestionarla, de manera sencilla y directa, son factores básicos para salir airosos de cualquiera de ellas.

En lugar de abordar con calma una crisis, el líder inepto perderá el control de sus acciones, sus emociones se verán afectadas y, lo que es más grave aún es que afectará el nivel de consciencia y autocontrol necesarios para ejercer debidamente los actos que se acometan. En lenguaje llano: se asume el riesgo de perder el norte.

Es importante tener una visión común entre el líder y los equipos a fin de que todas las personas de la organización puedan compartir tanto el momento del esfuerzo y la dedicación como los objetivos para salir de la misma. Primer objetivo: volver a la normalidad.

Para los empleados esto significa asegurar que su trabajo sobrevive, mientras que para un ejecutivo es prioritario detener la pérdida de ingresos y los gastos extraordinarios.

Una crisis significa un cambio. Puede ser más o menos profundo, pero de alguna manera tiene impacto en la estructura organizativa y operativa de la empresa.

Los procesos organizacionales se destacan en cualquier crisis y pueden llegar a ser disfuncionales. El líder efectivo debe tener flexibilidad para adaptarse a la situación, independientemente de los procesos inherentes a la organización.

La flexibilidad de adaptación permite que otros actúen. En una crisis, mucho más que en las operaciones normales, las alianzas eficaces son fundamentales para el éxito. En pocas palabras: las asociaciones salvan vidas.

Fomentar el corazón es también vital. El cuidado del personal no es muy diferente en una crisis que en situaciones normales. Lo que es diferente es el estrés bajo el cual está este y lo rápido que esto puede cambiar. Un líder, ante situaciones de conflicto necesita ser más consciente de la condición física, psicológica y mental de las personas.

Es crítico que un líder sepa cuando el ambiente se vuelve disfuncional o comienza a estabilizarse.

Hoy, nuestro mundo está rutinariamente en modo de alerta. Por ello, cuando se trata de lidiar con una situación de crisis, tenemos que pensar que el desenlace dependerá de cómo actúe el líder. Si bien las horas invertidas nunca se pueden recuperar, sí los efectos de haber actuado con criterio y aplicando todo el *know-how* organizacional y la pericia del líder, lo que hará que la empresa esté nuevamente no solo en modo normal, sino en la senda del crecimiento. No solo se saldrá reforzado de la misma, sino que se habrá recuperado tiempo.

REGLAS PARA SALIR DE LA ZONA DE CONFORT

Los autores no somos muy adictos a términos que se ponen de moda, porque con frecuencia se desvirtúa el alcance real mediante un uso inadecuado o desproporcionado de los mismos. Pero es cierto que la zona de confort en la que se encuentra una persona es un concepto muy universal y entendible por todos. Nuestra naturaleza humana nos traiciona y nos hace ser cómodos. Nos hace ser resistentes al cambio, porque estamos aburguesados en nuestra zona de confort, rutinaria y accesible.

El peligro de acomodarse en esta actitud de falsa complacencia es que no nos permite estar atentos a los riesgos que nos rodean. Necesitamos centinelas que nos alerten y un estado de vigilia que nos permita tomar decisiones con rapidez, independencia y neutralidad. Lo primero es la organización, lo segundo serán los descansillos que nos hemos creado en nuestras rutinas.

Otro peligro asociado a este estado catatónico de autocomplacencia es que no genera ningún crecimiento personal. Digamos que de manera inconsciente lo tiene descartado.

Las endorfinas de la auto-contemplación producen un efecto dormidera que enraízan el ego y no dejan prever los acontecimientos y anticiparse en las decisiones, a la vez que no exigen mejora al propio líder.

En situaciones críticas, esta supuesta zona de confort puede llegar a resultarnos realmente incómoda.

Si recurrimos a la psicología clínica y también a la organizacional, estas nos explica que puede darse una polaridad en las personas que se encuentran dentro de la zona de comodidad, que puede ir de lo más negativo a lo más positivo.

La situación menos negativa es en la cual estamos cómodos, aunque no se está creciendo ni utilizando todo el potencial que la persona tiene. Esta situación tiene que ver con un trabajo en el cual el nivel de satisfacción salarial está dentro de lo razonable y se cuenta con horarios también cómodos, siendo la exigencia y la responsabilidad bastante asumibles, entrando casi en la categoría de rutina.

Una circunstancia más negativa es cuando la situación es realmente mala pero la persona decide no cambiar por seguridad y miedo a lo desconocido. En este caso, en realidad es una «zona de incomodidad» y estaría mal llamarla «de confort». Por ejemplo, la persona que trabaja en un ambiente de tensión siente que da mucho más de lo que la empresa le paga, además de tener un nivel de estrés generado también por la incertidumbre respecto al desarrollo de su carrera personal.

Si lo que se quiere es una vida mejor, más emocionante o más interesante, en ambos casos se necesita hacer un cambio, siendo mucho más urgente hacerlo en la situación más negativa descrita.

En ninguna de las dos situaciones se tendrá la posibilidad de llevar a cabo un crecimiento profesional y personal, y menos aún pensar en una carrera en la organización. Vivir con mejor calidad de vida no implica no asumir riesgos o tener aversión al cambio.

ELIMINAR HÁBITOS NEGATIVOS Y FORTALECER LA MENTE

Nuestra capacidad inteligente, que nos permite pensar, opera como una especie de filtro que interpreta y da significado a todo lo que nos sucede. Y estas interpretaciones de la realidad ejercerán una influencia muy importante en las emociones, haciendo que una persona se sienta de un modo u otro.

De ahí que desde la actitud de pensar se pueda abrir la puerta hacia un sentimiento de rabia, injusticia o frustración cuando un hecho lo estamos percibiendo como negativo y lo alimentamos aún más desde nuestra actitud inteligente.

Por contrario, se sentirá cierto nivel de satisfacción, o al menos un malestar menor, si el pensamiento lo hemos procesado para que las emociones no se descontrolen, mediante el mecanismo de reflexión con el que buscamos alternativas de decisión y acción a lo que está sucediendo.

Cambiar los pensamientos negativos no significa sacar de la mente todo lo malo para pasar a pensar que todo es maravilloso a partir de ese instante. ¡No! Ni tampoco significa pretender convertir la depresión en felicidad o la ira en amor.

Si se tienen motivos para estar deprimido o también enojado con alguna persona, incluyendo el jefe directo, las emociones se sienten y no se pueden eliminar. Además, pretender que desaparezcan es malo porque la sustitución por sentimientos opuestos antes o después hará aflorar los verdaderos, que, como en este caso, son negativos.

Lo que sí es bueno es que la persona aprenda a neutralizar todos esos hábitos, y también tópicos, porque muchos se convierten en prejuicios hacia otras personas.

¿Por qué razón estar influenciados por algunos pensamientos negativos puede llegar a convertirse en un hábito peligroso? Los pensamientos se acumulan al igual que un inventario de mercadería en una nave de un polígono industrial, pero con la diferencia de que estarán ahí de manera permanente si no tomamos las medidas para poder eliminarlos.

Desde el momento en que se tiene este mal hábito de pensar negativamente, a lo mejor querer eliminarlos sin más se convierte en algo ingenuo, como si fueran a salir de la cabeza al darle a un interruptor. ¿Intentar que desaparezcan y expulsarlos para siempre? Este enfoque a menudo resulta contraproducente porque luchar contra esos pensamientos negativos en realidad puede reforzar ese patrón de pensamiento y empeorar las cosas. Cuanto más se intenta no pensar en algo, más se termina pensando en ello.

¿Cuál es el camino entonces? Es necesario practicar un enfoque diferente, que ayude a despejar la mente de manera permanente. Para ello debemos tener en cuenta cuáles son los principales sentimientos negativos que introducimos en nuestra mente y afectan a nuestras emociones y, obviamente, a la estabilidad emocional de la que siempre presumimos.

¿Por qué se producen? Porque siempre hay personas que hablan, difaman, enarbolan banderas de rumores falsos, etc. Todo este arsenal de armas tan habitual en muchas organizaciones y que contaminan las relaciones interpersonales está sostenido por la crítica (válida o no), pero termina impactando en nuestra forma de pensar.

De ahí que podamos clasificar algunas de estas críticas como sigue:

• Sentir que no se tiene valor: cuando se habla sobre nosotros en un contexto de atacar por atacar, diciendo que no valemos (capacidad, formación, experiencia, etc.), terminamos por creernos que no somos capaces de alcanzar unos estándares mínimos aceptables. Esto nos lleva a un sentimiento de frustración y desmotivación que altera nuestro rendimiento. Para vencer este sentimiento hay que aprender a valorarse objetivamente, además de apreciarse y aceptarse como uno es. En momentos físicos de debilidad (enfermedad, por ejemplo), solemos ser más propensos a que estos estímulos exógenos impacten en nuestra estima.

- Miedo al fracaso: la crítica suele decirnos que no somos capaces de hacer determinadas cosas. ¿A qué nos lleva esta actitud? Nos condiciona de tal manera que nos conduce a cuadros de ansiedad e incluso puede paralizarnos. Caemos en una situación de estar a un paso de convertirnos en seres totalmente pasivos. Para combatir ese miedo hay que evaluar los errores pasados para darse cuenta de que no hay nada malo en nuestra personalidad que nos conduzca al fracaso y empezar a replantearnos metas futuras accesibles que nos saquen de la pasividad.

- Miedo al rechazo: la crítica puede ser un mecanismo muy cruel, porque produce una tortura psicológica en nuestra psique por la que empezamos a decirnos y convencernos de que efectivamente no valemos y que el resto de personas van a rechazarnos. Que no somos lo bastante buenos para ellas. Si bien es cierto que este mecanismo puede protegernos de cara al futuro porque ya estamos sobre aviso, en el presente disminuye nuestra autoestima y dificulta nuestras relaciones sociales. La manera de combatir este miedo es lanzarse mensajes positivos, mejorar nuestras habilidades sociales y aprender a hablar sobre ese supuesto rechazo con las personas implicadas en lugar de darlo por hecho.

- Sentimientos de culpa: la crítica utiliza mensajes que nos culpabilizan por nuestros errores pasados. ¿Provoca otro tipo de parálisis? Efectivamente lo hace, porque al empezar a experimentar continuos sentimientos de culpabilidad, nos ayuda a controlarla y a no tener que hacer nada para cambiar. El efecto es perverso; es como si nos dijéramos: «No tengo que pedir perdón ni hacer nada por arreglar esto; bastante me estoy castigando yo con lo culpable que me siento». La manera de afrontar estos sentimientos es reflexionar sobre ellos para poder ver la magnitud del error de manera objetiva y afrontar las consecuencias de forma madura.

- Sentimiento de frustración: la culpa nos castiga diciéndonos que somos los culpables de nuestros fracasos. Como en el caso del sentimiento de culpa, estos sentimientos no nos ayudan en nada y solo nos llevan a permanecer pasivos, sin hacer nada por mejorar. La forma de combatir la frustración es aprender a afirmar nuestro valor como persona y reflexionar acerca de las decisiones que nos llevaron a fracasar. Muy posiblemente encontraremos que las decisiones que tomamos en aquel momento eran las únicas disponibles y podremos dejar de culparnos por ellas. Hay que aprender a perdonarse a uno mismo y estar orgullosos de lo que somos y de los intentos que hacemos por mejorar. Hayan terminado en éxito o en fracaso, han sido un paso más en nuestro aprendizaje y evolución.

SEGUNDA PARTE
DESARROLLO Y RETENCIÓN DEL TALENTO

LIDERAZGO DE EQUIPOS

CAPÍTULO 5
COMPONENTES DEL LIDERAZGO DE EQUIPOS Y FACTORES QUE MUEVEN A LAS PERSONAS

LIDERAR CON EL EJEMPLO

La importancia de la retención del talento con la finalidad de que las organizaciones obtengan los mejores resultados es una cuestión que siempre está presente cada vez que se hacen encuestas e investigaciones, ya sea en los ámbitos de Recursos Humanos o de los negocios en general.

El *12th Annual Global CEO Survey* de PriceWaterhouseCoopers en 2009, en el que fueron consultados más de mil CEOs, resultó sorprendente por la manera categórica en que los máximos responsables de las organizaciones se refirieron al talento por primera vez. Ante la pregunta: «*¿Cuál es el grado de importancia de las siguientes fuentes de ventajas competitivas para sostener el crecimiento en el largo plazo?*», un 97% de los encuestados manifestaron que era tanto el acceso al talento como la retención del mismo, lo que se llama *key talent* (talento clave), que podríamos también llamar la llave del talento.

La retención del talento es muy importante para todas las organizaciones por dos razones principales:

- La rotación y el cambio de personal tienen un elevado impacto negativo en términos de capacidad competitiva, ya que además del cambio en sí y su coste está el proceso de adaptación y formación para que se mantenga el mismo nivel de productividad y competitividad al que se había llegado.

- Las líneas maestras de la investigación son claras: los talentos más destacados son los que impulsan los mejores resultados y abren las puertas al mejor desempeño empresarial.

Aunque el coste financiero fluctúa según el sector económico y el nivel de posición en el organigrama, las estimaciones oscilan entre un 30% y un 250% del salario anual. El impacto negativo se produce por los costes directos de reemplazo para la incorporación de nuevos talentos, la oportunidad en la que se realiza teniendo en cuenta las vacantes y el tiempo necesario hasta generar un nivel de productividad y recuperar lo que se conoce como «negocios perdidos».

Según un estudio de McKinsey de 1998, *The War for Talent* (*La guerra por el talento*), el talento con el que se cuenta en funciones operativas puede aumentar la productividad en un 40% mientras que cuando corresponde a funciones de dirección, los beneficios se incrementan un 49%. Pero el salto se produce en posiciones de comercialización y ventas, ya que el beneficio derivado del talento en estas áreas se dispara hasta un 67%.

GENERANDO ILUSIÓN Y MOTIVACIÓN EN PERSONAS Y EQUIPOS

Si hablamos de buenas relaciones interpersonales en los ámbitos profesionales, estamos refiriéndonos a grupos de personas trabajando con un razonable nivel de satisfacción en diferentes departamentos y también formando parte de determinados equipos de trabajo. El futuro de una empresa pasa por que el personal esté satisfecho, además de comprometido con la Dirección, porque considera beneficiosas las políticas de motivación que se aplican.

Es evidente que es mejor rodearse de personas al menos iguales en cuanto a expectativas de desarrollo, formación, capacitación, etc. Si nos referimos a la Dirección, saber elegir a socios que sean una garantía es como descansar y relajarse en el proceso directivo. Si miramos hacia abajo en la estructura organizativa, rodearse de las personas adecuadas seguramente inspirará a hacer las cosas de la mejor forma posible y a sentirse mejor porque se están compartiendo no solo formas de trabajar similares en cuanto a capacidades y experiencias, sino también ilusiones. Los equipos más comprometidos parten ineludiblemente de personas que sienten un compromiso con la organización.

Cuando se trata de equipos de trabajo, cuanto más empeño pongamos en la calidad de los miembros que lo integran, no solo mejores serán los resultados y consecuentemente se incrementará la productividad de la empresa, sino que se habrá establecido una filosofía de trabajo en equipo de confianza, cohesión, y sobre todo de compromiso de todos con la organización y con su líder.

Justamente es el jefe de equipo el que les advertirá de la importancia que tiene mirar hacia delante en cuanto a las tareas y responsabilidades encomendadas, así como usar el espejo retrovisor para aprender del pasado, tanto de las malas como de las buenas experiencias. Las lecciones del pasado, especialmente las decisiones y acciones que no hay que volver a repetir, son una buena metodología para mirar el futuro y tener un horizonte despejado.

En el mundo de los negocios, como en todos los órdenes de la vida, ese espejo retrovisor siempre está más claro que el parabrisas. Pero tampoco hay que obsesionarse, y una vez recogidas las lecciones necesarias la visión debe seguir estando en la meta.

TRABAJANDO POR OBJETIVOS, EMPODERAMIENTO DE PERSONAS Y CONCILIACIÓN PERSONAL

El establecimiento de objetivos de trabajo es una pieza clave para mantener un nivel de productividad de las personas y los equipos que estén alineados con los objetivos globales de la compañía fijados por la Alta Dirección.

Los objetivos de trabajo describen los resultados que se esperan de los empleados para el nuevo ejercicio que se inicia, o en general y al ritmo que se revisan y ajustan los procedimientos en una época de constante transformación, los que afecten a períodos más cortos, como una temporada o referidos a un proyecto concreto.

Por lo general, los objetivos se relacionan con presupuestos, plazos de ejecución, especificaciones en cuanto a la calidad, así como recomendaciones respecto a las relaciones entre personas de diferentes equipos y/o departamentos que están compartiendo el cumplimiento de objetivos parciales que forman parte del objetivo u objetivos finales.

Desde el liderazgo efectivo es conveniente formularse algunas preguntas, tales como:

1. ¿Qué es lo que exactamente tiene que hacer el empleado? En este caso se deben definir con propiedad las cuestiones inherentes al puesto, función y responsabilidad para evitar que se puedan esgrimir razones de por qué no se ha cumplido con un plazo o si hay que volver a repetir una tarea.

2. Las empresas tienen determinados estándares de calidad para sus productos y servicios. Qué estándar de calidad debe lograrse es una formulación que primero se

hace la empresa con la experiencia de ejercicios pasados, grado de satisfacción de los clientes, etc. En segundo lugar, en base a lo que se sabe hay que dar respuesta en un determinado nivel de calidad y competitividad; entonces se le puede exigir al empleado y al mismo tiempo se le explicará cómo lograr dicho objetivo.

3. ¿Para cuándo o con qué rapidez? Si bien la empresa tiene la responsabilidad de imponer un programa por las razones expuestas (clientes, procesos, etc.), también se logran mejores resultados cuando los que participan en su diseño son los propios empleados. ¿Por qué? Porque conocen al detalle todos los elementos y también los problemas a los que su trabajo y responsabilidad en el cumplimiento de los objetivos les tienen acostumbrados. Puede prever mejor que la propia Dirección inconvenientes operativos que les hagan ser más restrictivos a la hora de marcar fechas y compromisos.

¿Por qué es importante la fijación de objetivos?

Los objetivos bien escritos permiten a los empleados comprender lo que se espera de ellos desde el comienzo del período de evaluación. A la vez, los mandos intermedios que ejercen la supervisión están mejor habilitados para observar, documentar y capacitar a los empleados de manera continua.

También proporcionan al empleado un medio de auto-evaluación de su desempeño. Esta mecánica es especialmente útil si lo que se quiere es dar autonomía decisoria (*empowerment*) a determinados puestos de trabajo.

En todo momento, se goce de más o menos autonomía en el puesto, la Dirección monitoreará muy de cerca que se cumplan los siguientes requisitos imprescindibles en la fijación de objetivos departamentales, más cuando formarán parte ineludible del objetivo global de la empresa.

Empoderamiento de personas

Cuando nos preguntamos qué es lo que ha llevado a organizaciones punteras en materia de normas y procedimientos a decidirse por adoptar como filosofía el *empowerment*, ello se debe a que el estilo de liderazgo ha sido en gran medida resultado de un mercado cambiante y de lo que se requiere de las empresas para ser competitivas.

La imposición dio lugar a la decisión compartida mediante un colaboracionismo profesional en el que el control puede delegarse, no ser autoritario *per se*, porque lo decisivo es la capacidad y la autoridad técnica en la toma de decisiones y la implementación de cualquier acción.

¿En qué consiste el «empowerment»?

Es un concepto muy simple: si los empleados reciben información, recursos y oportunidades, al mismo tiempo que se les responsabiliza por los resultados de su trabajo, todo ello impacta en la productividad y en el nivel de satisfacción individual.

La eficacia personal que se le supone a una persona en su puesto se libera incrementando su productividad; al mismo tiempo ella que se sentirá más satisfecha consigo misma y con la empresa.

Las organizaciones tienen que comprender que el *empowerment* no es una cuestión que se da automáticamente. El papel del líder es imprescindible para crear el entorno adecuado para que pueda tener lugar.

El líder efectivo apelará a la capacitación y a la formación para establecer este entorno. No hay otro camino.

El objetivo concreto es crear empleados capacitados, para lo cual hay que determinar qué recursos necesitan estos para tomar buenas decisiones sobre su propio trabajo. Obviamente, en dicho entrenamiento se tendrá que tener en cuenta cuál es la visión y la misión de la empresa, así como los objetivos y metas fijados por la Alta Dirección.

Hay que asegurarse de que aquellos empleados que estarán sujetos a un proceso de mayor autonomía decisoria gracias al *empowerment* conozcan bien lo que hacen otros departamentos, al tiempo que tengan acceso a los informes financieros y operativos de la empresa.

Este proceso se beneficiará de una comprensión clara por parte de los empleados elegidos de cada una de las partes en que se dividen los diferentes procedimientos que deben aplicarse. Sin duda, es parte de un proceso más amplio y su cuota debe ser realizada con efectividad.

Una vez que los empleados adquieran la información y las habilidades que necesitan, se les dará cierta responsabilidad en la toma de decisiones. Pero esta capacidad en la toma de decisiones trae aparejada responsabilidad sobre sus resultados.

El fundamento esencial es que los empleados están en una posición única para determinar la mejor manera de producir sus resultados laborales.

Entonces se producirá un cambio adicional que viene por el lado de los mandos intermedios: el *coaching*. O sea, ayudar a los empleados a tomar buenas decisiones, discutir los resultados de las decisiones con ellos y ayudarles a coordinar múltiples grupos.

Como resultado de la aplicación del *empowerment*, las empresas se encuentran en breve plazo con el siguiente panorama sustancialmente transformado:

- Mejoras en los costes
- Satisfacción de los empleados
- Incremento en el nivel de responsabilidad

Son las personas que ejercen la función autónoma que les ha sido otorgada las que tienen la oportunidad de definir cómo producir su trabajo. Esto lleva a que quieran hacer mejoras en la aplicación de los métodos y demás procedimientos que se han venido aplicando hasta ahora. Pero, lo más importante: los empleados tienen un sentido de control sobre su trabajo, lo que eleva la moral y la satisfacción laboral, y por ende su compromiso con la empresa.

Conciliación laboral

Es un proceso de cambio imparable. No se puede entender el liderazgo actual sin aplicar, y no solo comprender, un mecanismo de equilibrio trabajo-vida.

Los *millennials* han tenido mucho que ver con este cambio y las pequeñas y medianas empresas han sido las que más se han puesto en evidencia ante la necesidad de cambiar su forma de pensar sobre el trabajo y el compromiso, ya que esta conciliación familiar y laboral es clave. Por tanto, los líderes de este tipo de organizaciones ya no pueden omitir esta filosofía en sus respectivas culturas corporativas.

Hay vida después del trabajo. No se puede seguir pensando que se puede renunciar a la vida personal por el trabajo. Y esto lo tienen muy claro las generaciones más jóvenes.

Las PYMES se enfrentan a dos problemas clave en su competición diaria en el mercado: cómo hacer para atraer y al mismo tiempo retener el talento, cuando sus salarios están por debajo de los de las grandes organizaciones; en segundo lugar, las condiciones de trabajo pueden estar muy lejos de las que puede ofrecer una empresa internacional. Pero esto se puede mejorar gracias a un liderazgo efectivo.

Esto ha llevado a muchas nuevas organizaciones, que han irrumpido en el mercado con una cultura más apropiada para la época actual que desde el mismo inicio de actividades impone un sistema de horas de trabajo flexibles e incluso el trabajo desde casa (o fuera de la oficina).

Estos son pasos muy importantes para mejorar el equilibrio trabajo-familia de los empleados.

Muchas empresas permiten adaptar el horario de trabajo en función de las necesidades personales. El horario restrictivo ha quedado obsoleto, además de que no es productivo y es responsable de gran parte del estrés y la frustración de las personas.

Beneficios sociales y compensación personalizada

La adaptación a este nuevo tiempo también exige que se haga más común el adoptar planes de retribución flexibles y beneficios sociales. No solo se mejora el salario del personal sin coste alguno para la empresa, sino que ello impacta en la productividad individual de cada uno de los puestos de trabajo; de más está decir que en el nivel de satisfacción de los empleados. Tal es el caso de los beneficios del cheque guardería, especialmente útil para empleados con bebés y que les libera de ciertas ataduras, especialmente afectando al cumplimiento de su horario.

Los seguros de salud, ya que la mayoría de las ausencias del trabajo están relacionadas con la salud, sistemas que facilitan horarios de visita al médico más amplios y con listas de espera más cortas, lo que sumado al sistema de horarios flexibles, contribuye a esa conciliación laboral-familiar.

ATRACCIÓN DEL TALENTO

Cada vez que nos referimos a la doctrina, pensemos que es un escenario abierto donde todos los públicos contribuyen a su creación: profesionales, directivos, empresarios, alumnos de MBA o jóvenes profesionales recién graduados. Talento y doctrina son pues dos caras de una misma moneda.

La cuestión es cómo se crea, y especialmente cómo se desarrollan los aspectos doctrinarios, que si bien ya están establecidos hace años en materia de dirección y liderazgo, deben incorporar lo que se vienen llamando nuevas corrientes doctrinarias[20]. Estas subyacen principalmente en las ac-

---

20   Cada vez que en esta obra los autores nos referirnos a nuevas corrientes doctrinarias, no es que estemos dejando de lado la doctrina convencional, sino que insistimos en la importancia que tienen las aportaciones de expertos tratadistas, pensadores del *management* así como del liderazgo, siendo igualmente importante la contribución que destacados líderes y directivos empresariales realizan con su actividad diaria, su buen hacer y la adaptación que las organizaciones tienen que hacer a las nuevas circunstancias.

En cuanto a su significado, doctrina es el principio o regla ampliamente adherida basada en evidencias sólidas y/o razonamiento lógico y preciso. En contraposición, el dogma se sustenta en una simple reclamación o se impone por lo general en el desafío de la evidencia o sin los hechos corroborativos.

A fines didácticos, creemos que no hay mejor manera de explicar qué significa la palabra doctrina o cuando se emplean expresiones tales como «nuevas corrientes doctrinarias» o «lo que señala la doctrina convencional», que ejemplificando qué es la doctrina de negocios (*business doctrine*).

Cuando se habla de negocios, existen modelos diferentes, tácticas y estrategias comerciales muy diversas, porque también existen una gran variedad de narrativas que tienen las organizaciones en referencia a lo que se entiende por hacer negocios.

Pocas han sido las organizaciones donde se discute el tema doctrinario, aunque en realidad están aplicando las fuentes de la doctrina (convencional y más moderna) en el día a día de sus acciones.

La doctrina clásica, por ejemplo, Peter F. Drucker (Viena, Austria, 1909-Claremont, Estados Unidos, 2005), considerado el más importante pensador del *management* del siglo XX (elegido como uno de Los Imprescindibles del *management*, en las dos ediciones (2015-2018) de este selectivo de Salvador Molina editado por ECOFIN). Druker sigue aún vigente. Sus enseñanzas se acumulan en más de 30 obras sobre gestión y dirección de empresas. Sus ideas han sido determinantes en lo que se consideran las corporaciones industriales modernas en la segunda mitad del siglo pasado.

ciones que las organizaciones y los directivos responsables toman día a día, lo que nos indica los porqués de sus políticas y su cultura corporativa.

Una de las manifestaciones más evidentes de estas nuevas aportaciones doctrinarias está demostrada por la tre-

---

Obviamente es el paradigma de la doctrina en *management*. Es reconocido como el padre de esta materia, habiendo volcado también en sus libros, todo su *know-how* sobre sistemas de información y la sociedad del conocimiento. La definición que da para explicar qué es la doctrina de negocios, es muy simple y directa: «El propósito del negocio es crear y mantener un cliente».

En cambio, Leo Burnett (1891-1971) que fue una celebridad en el mundo de la publicidad estadounidense y con repercusiones a nivel mundial, ya que ha sido el fundador de Leo Burnett Company, Inc., habiéndose labrado su fama con anuncios tan famosos como el del hombre Malboro, o que la revista Time Magazine lo nombrase como una de las cien personas más influyentes del siglo XX, afirma que «el único propósito del negocio es el servicio». También es parte de la doctrina convencional.

Sorprende un enfoque más amplio como el de James Rouse, creador del primer centro comercial en los Estados Unidos en 1958, que sostiene que «el beneficio no es el propósito legítimo del negocio; el propósito legítimo de toda empresa es proporcionar un producto o servicio que la gente necesita y hacerlo tan bien que sea rentable».

Entonces se llega a un punto en el que las opiniones no son del todo convergentes, porque estamos tratando de abarcar un término que pretende explicar la amplísima variedad de modelos de negocios que siempre han existido y se iban creando año tras año como consecuencia de la innovación tecnológica, y que afectó también el pensamiento (posición doctrinaria) de personalidades tan sobresalientes como las citadas.

Pero el tipo de cambio exponencial sufrido desde el surgimiento de las Nuevas Tecnologías (NT's) a partir de la década de los 90 del siglo XX y su rápida evolución, impacta a su vez más que nunca y a mayor velocidad en los métodos y procedimientos para hacer negocios, lo cual nos trae hasta 2020 en que los criterios de actuación en los procesos de dirección empresarial, están tremendamente influidos por los procesos de digitalización y transformación que las organizaciones tienen que llevar a cabo, de manera tal de que sigan siendo sostenibles a medio y largo plazo.

Las definiciones de las personalidades descritas son una permanente fuente de doctrina a la que se recurre con frecuencia. En cambio, si la opinión es dada por Simon Sinek, Richard Branson y otros líderes actuales en cuanto a la revolución que se está produciendo en el liderazgo, decimos que corresponden a las nuevas corrientes doctrinarias.

La doctrina bien utilizada no excluye las corrientes de pensamiento convencional ni menosprecia los nuevos pensamientos del presente cuyo esfuerzo es mantener viva la vieja doctrina (no puede decirse que el pensamiento de Drucker ya no tenga vigencia), pero adaptada a las nuevas realidades. No se pueden poner puertas al campo en una ciencia tan mutante y viva como lo son las empresas que intentan modelizar y gestionar.

menda valía profesional y empresarial de muchos líderes que han sido capaces de levantar empresas de la nada y crear auténticos emporios organizacionales. No excluimos de esta categoría a miles de emprendedores que desde sus *startups* han posicionado nuevas formas de hacer negocios y también nuevos métodos de trabajo en equipo, manera de asumir riesgos, etc[21].

Nos vienen a la memoria los líderes de esos «unicornios» de la tecnología, Internet y las redes sociales, que cotizan en Bolsa y han generado *fans* para sus marcas más que una relación tradicional con clientes. Pensemos en los GAFA: Google, Apple, Facebook, Amazon.

Apelar a la doctrina y aplicarla es en interés de todas las personas que están trabajando en las organizaciones, porque serán los primeros en acortar el tiempo que necesiten para poder llegar a puestos de responsabilidad y acelerar el proceso de desarrollo personal y profesional.

La doctrina ayuda a crear y desarrollar el talento porque está señalando el camino de las temáticas a estudiar, especialmente las nuevas que se corresponden con problemas actuales que directivos y organizaciones están obligados a

---

21   El riesgo es inherente a la actividad empresarial. La gestión integral del riesgo consiste en detectar oportunamente los riesgos que pueden afectar a cualquier organización para establecer estrategias que permitan anticiparse a los problemas o gestionarlos razonablemente bien sin comprometer la situación financiera. De actuarse con sentido de oportunidad en la empresa, se ganan muchas batallas porque se evitan fugas (pérdidas innecesarias de tiempo y recursos).

Los líderes de las empresas más exitosas de la actualidad no asumen los riesgos; por el contrario proceden a analizar y estudiar en profundidad el alcance de los mismos para poder implementar acciones con ciertas garantías. Lo importante no es buscarle rentabilidad a cada acción emprendida, sino mantener incólume la rentabilidad media habitual de la organización.

Cuando el líder y su equipo de dirección implementan una política de gestión de riesgos conservadora, pero al mismo tiempo flexible, no solo facilitan la anticipación a la que hacemos alusión al tratar el liderazgo de anticipación en el Capítulo 6, sino que aseguran el cumplimiento de los objetivos y las metas fijadas por la Alta Dirección.

resolver como consecuencia de los ajustes que la adaptación al cambio trae consigo.

Estos dos actores (directivos y empresas) tienen que tener claro cuáles son las problemáticas que urge atender y resolver, así como los métodos y procedimientos que van a aplicarse. Por tanto, para facilitar y apoyar a los que se irán desarrollando como nuevos líderes, hay que prestar la debida atención a los aspectos doctrinarios y potenciar el talento, lo que implica capacitación y formación.

Además, los mercados no van a facilitarle el éxito a ninguna organización ni a ningún profesional que, representando a la empresa en una posición de liderazgo, no tenga estas habilidades directivas y conocimientos que únicamente se adquieren con una preocupación constante por el *training* y la capacitación, elemento clave para que, una vez se haya facilitado el desarrollo del talento, se pase a una cuestión más capital aún y complicada al mismo tiempo: retenerlo.

COMPARTIENDO INFORMACIÓN: VISIÓN DEL BOSQUE Y NO DEL ÁRBOL

No se exagera cuando a la comunicación se le atribuye uno de los papeles clave del éxito de la gestión en las organizaciones. Puede contarse con una meta y una misión claras. Puede tener la Dirección una visión también muy precisa de los pasos que piensa dar para cumplir los objetivos. Pero si no se comunican a las personas y a los equipos cuáles son la misión, visión, objetivos, además de transmitir cuáles son los valores que deben compartir los miembros entre sí y con la organización, nunca podrá considerarse a esta empresa como una organización sensible a los procesos de humanización que en los últimos años se vienen dando en los ámbitos organizacionales.

Hay que explicar cuál es la razón de ser de la empresa, su negocio principal y los accesorios, así como saber perfectamente el campo de acción de toda su actividad con el propósito de concentrar recursos y esfuerzos.

El líder de la organización, así como los jefes de equipo, deberán establecer y mantener la consistencia y la claridad del propósito en toda la organización. Hay que tener muy claros tanto la misión, como la visión y los valores, para que se tenga un marco de referencia en todas las decisiones que deba tomar la Dirección.

Si sobre este conocimiento de parte de personas y equipos se producen dudas y a veces insatisfacción por no haberse tenido una comunicación directa, clara y transparente sobre el alcance de cada uno de esos elementos, que son la esencia de todo proceso organizacional, la confianza de los miembros de los equipos se resentirá, tanto de los jefes como del liderazgo de la empresa.

A medida que el líder y los mandos intermedios vayan formando al personal en estas cuestiones, deberán incrementar el nivel de análisis, tal como:

- En cuanto a clientes, definir quiénes son en la actualidad y si podrán mantenerse en el futuro con el tipo de servicio-producto que se está ofreciendo.
- Definir cuáles son los cambios necesarios a introducir en productos y/o servicios para seguir compitiendo con cierta capacidad diferencial.
- Explicar cuáles son las principales desventajas con las que cuenta la empresa para hacer frente a una competencia cada vez más agresiva, discutiendo fortalezas y puntos débiles.
- Explicar la situación financiera y económica que está atravesando la empresa en ese momento y cuá-

les son las acciones que van a implementarse para aprovechar al máximo los recursos disponibles y hacer una asignación equilibrada de estos, para que no se resienta el valor competitivo de la organización.

- Transmitir a los miembros de los equipos cuál es la preocupación —si es que existe— sobre la imagen corporativa de la empresa[22] y cuál es la que la Dirección quiere que se tenga por parte de clientes potenciales, proveedores, instituciones, etc.
- Expresar la preocupación de la Dirección por todos los empleados, manifestando con claridad cuáles son las políticas de estímulo, motivación, etc.

---

22   Cuando se habla actualmente en el mundo digital de reputación personal y corporativa es evidente que ambas reputaciones han entrado a formar parte del ADN de las empresas.

Para gestionar los perfiles personales con los corporativos, especialmente en el caso de las PYMES, hay que tener en cuenta que es un camino de doble dirección por los siguientes motivos:

a.   Es conveniente disponer tanto de un perfil personal como de uno corporativo en las pymes, aunque gestionarlos independientemente pero de manera coordinada con los objetivos globales que se han fijado.

b.   Hay que advertir a los empresarios y líderes de este tipo de organizaciones que una reputación puede influir en la otra. La personal puede estropear el avance en la corporativa y viceversa.

Ha habido casos de directivos de importantes organizaciones punteras, como IBM, que en un determinado momento pasaron a formar parte de la dirección de marketing de un competidor directo. La pregunta que se formulaban los expertos era por qué si había fracasado el proyecto que gestionaba ese directivo era finalmente fichado por otra de las grandes empresas del sector. La respuesta que se dio en un congreso de Recursos Humanos en Madrid en los años 90 fue que justamente esa persona tenía la experiencia de haberse enfrentado al error y, por consiguiente, la capacidad de respuesta que un directivo debe tener ante la adversidad.

Desde el punto de vista de la reputación corporativa, la nueva empresa salió beneficiada porque demostró su sensibilidad a los aspectos humanos, como los errores que se pueden cometer, poniendo en valor un nuevo desafío que a nivel personal (reputación del directivo en su nueva etapa) alimentaba tanto su prestigio personal como el de la nueva corporación a la que ahora pertenecía. Una vez más se verifica este camino de doble dirección al que aludíamos más arriba.

Uno de los fundamentos de crear y consolidar equipos que se conviertan en lo que se considera alto rendimiento, es que ese grupo humano tenga una consciencia colectiva, al mismo tiempo que sentido de trascendencia.

Entonces se puede asumir que un equipo puede tener también, al igual que cada uno de sus miembros, un sentido de vida concreta o una misión particular que cumplir.

MONITORIZACIÓN DE OBJETIVOS INDIVIDUALES Y «FEEDBACK» CONSTRUCTIVO

El empoderamiento (*empowerment*) de personas y equipos es la búsqueda de una integración entre todos los recursos (humanos y materiales), pero con la particularidad de hacer uso de una comunicación efectiva, afectiva y eficiente para lograr los objetivos de la organización.

Tanto los equipos como sus miembros tendrán acceso completo y sin limitaciones al uso de información crítica para poder cumplir los objetivos de la organización.

Empowerment quiere decir potenciación o empoderamiento, que es el hecho de delegar poder y autoridad a los subordinados y de conferirles el sentimiento de que son dueños de su propio trabajo. Significa que empleados, administradores y equipo de todos los niveles de la organización tienen el poder de tomar decisiones sin tener que requerir la autorización de sus superiores. Es delegar, pero va más allá, porque se basa en la confianza (de los de arriba) y el compromiso (de los de abajo).

El *empowerment* parte de la consideración de que quienes se hallan directamente relacionados con una tarea son los más indicados para tomar una decisión al respecto, dando por sentado que poseen las actitudes y la formación requeridas para ello.

Facilita la creación de un ambiente en el que los miembros de un equipo y las personas de cualquier nivel de la organización perciben que tienen una influencia real sobre sus áreas de responsabilidad. Pero además facilita el compromiso entre los equipos y las personas con la organización. Se delega cierta autoridad y control para que lo ejerzan los equipos pero la decisión última la toma la Dirección.

Pueden considerarse como limitaciones las siguientes:

- Si no está bien establecida la línea de delegación, no permite a los trabajadores entender la situación actual en términos claros, lo que dificulta ejercer de manera adecuada las tareas y responsabilidades otorgadas.

- El *empowerment* es la manera de crear confianza en toda la organización, pero si se mantiene simultáneamente el principio jerárquico tradicional por defectos en la delegación de tareas y responsabilidades, en vez de acabar con el modelo de pensamiento convencional se convertirá en una pérdida de tiempo porque se insumirán más costes por errores en la descripción de responsabilidades, así como pérdida de credibilidad de los miembros de los equipos en los que el sistema funciona.

- Para lograr que las personas sean más responsables, se tiene que explicar el alcance del método y la importancia de que asuman un grado de autonomía lo que, si no tienen la formación adecuada, también supondrá una duplicidad de tareas por cosas que tengan que hacerse dos o más veces.

- El estímulo que debe brindar el *empowerment* a las personas al demostrarles que son más responsables, ayudándoles a actuar como si fueran dueñas de la empresa, puede derrumbarse en la medida en que dicho factor motivacional no se aplique correctamente por dudas en su delegación desde la Dirección. Si esto ocurriera, la organización no podrá aprovechar la totalidad de las capacidades de los empleados porque estos se sentirían inseguros y sin la confianza y la información suficientes.

Por lo tanto, para que funcione, el *empowerment* requiere confianza en el equipo, pero tras una capacitación que asegure que la delegación se realiza con personas capaces y seguras de sus habilidades, a la vez que no genera incertidumbre a la Dirección.

RECOMPENSAS Y EVALUACIÓN DEL DESEMPEÑO

Son muchas y variadas las ventajas en lo que se refiere a incentivos de los equipos. En cuanto a la motivación, hay que tener en cuenta los procesos que explican la intensidad, la dirección y la persistencia del esfuerzo de una persona para alcanzar los objetivos.

Hay que considerar también lo que técnicamente se conoce como «motivación intrínseca», que depende directamente de la estructura de personalidad del candidato; por ejemplo, empleados que participan en actividades sin ningún incentivo externo. Los hay, y después de la crisis internacional 2008-2009 podemos asegurar que en una cantidad más que respetable.

¿A qué se debió? En primer lugar, a que por la cantidad de ajustes de plantilla que se produjeron hubo situaciones en las que las personas se veían obligadas a cubrir trabajos y responsabilidades de un compañero que ya no estaba. Pero, independientemente de estas circunstancias muy especiales, el factor personal (ambición, su personal escalera de la vida, circunstancias particulares, etc.) es el que hace que en estas personas prevalezca una excelente predisposición a asumir tareas y responsabilidades, porque saben que el beneficio para la empresa también les traerá aparejado un resultado positivo en su relación con la Dirección. O sea, emprenden trabajos por razones de interés, además de la satisfacción que les produce saber que están contribuyendo y que estiman ser reconocidos.

Cuando se dan situaciones de este tipo, todas las investigaciones a la fecha señalan que aumenta la satisfacción laboral y la productividad del empleado.

¿Cuándo concurre la motivación extrínseca?

En la medida que los empleados participen en actividades con estímulo externo, al mismo tiempo que emprenden trabajos por el motivo de lograr recompensas razonables, sean financieros y/o no, que estén convencidos que les pueden conducir a una mejora de su situación personal, la empresa sabe que puede que el rendimiento solo mejore a corto plazo.

Planes de compras de acciones para empleados

Este mecanismo proporciona a los empleados el derecho de comprar acciones en su empresa a un precio específico en un futuro también determinado.

SOSTENIMIENTO DEL MODELO: DIVERSIDAD DE PERFILES, GESTIÓN DEL CONFLICTO Y FORMACIÓN

La diversidad es una realidad que excede el ámbito propio de la persona que se ve afectada por este flagelo social, contagiando de manera positiva en la última década a todo tipo de organizaciones, instituciones y demás formas de agrupación humana, empezando por los partidos políticos.

Las grandes corporaciones industriales y de servicios que operan a escala global tampoco han podido mantenerse ajenas a esta necesaria transformación social. Es más, algunas de ellas son las grandes vertebradoras del cambio en este sentido. De hecho lo están impulsando.

Como resultado, la fluidez cultural es cada vez más importante en todas las comunidades, lugares de trabajo, escuelas, universidades, y en general en cualquier ámbito en el que se reúnan dos o más personas.

La influencia de la cultura corporativa también adquiere un rol importante al determinar cuál es la manera en la que en la empresa se focaliza la resolución de conflictos. Es una habilidad muy destacada de los lideres efectivos, que no solo les habilita para gestionar los siempre presentes conflictos entre personas y equipos, sino a formar y educar en los cambios de actitud, formas de entender las relaciones interpersonales y el afán de explicar a los empleados la importancia de ser más sensibles hacia los demás, que el otro también importa.

Por tanto, el buen líder ayudará a que el personal comprenda los diferentes aspectos de la cultura y la diversidad. Saber explorar cómo se manifiestan las experiencias de exclusión que tan negativas pueden llegar a ser, especialmente por las consecuencias de contagio que tienen sobre personas que por sí mismas no eran excluyentes.

Hoy día, la exclusión es lisa y llanamente una privación de derechos que puede afectar, al mismo tiempo que alimentar, alguna forma de conflicto.

Desde el liderazgo efectivo también se debe promover la inclusión y utilizar las herramientas proporcionadas para una buena gestión interpersonal.

¿Qué papel adquiere la formación en todo esto? Digamos que es sustancial y forma parte de todos los componentes que la capacitación, el entrenamiento y la formación de las personas requiere. No se puede separar la formación técnica de la necesaria comprensión de la inclusión y la diversidad como parte, no solo de la cultura corporativa, sino como esencia para que cada uno sea mejor persona[23].

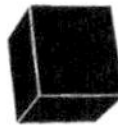

---

23   Ver artículo *Liderar equipos en los tiempos del coronavirus* de José Luis Zunni, Salvador Molina y Antonio Alonso en https://ecofin.es/liderar-equipos-en-los-tiempos-del-coronavirus/

CAPÍTULO 6
LIDERAZGO WALT DISNEY.
LÍDER INSPIRADOR

LIDERAZGO ANTICIPATIVO

Mickey Mouse y su creador Walt Disney fueron líderes indiscutibles y proyectaron su liderazgo durante décadas. El genial Disney creó todo un mundo de fantasía que llegó a consolidar con los años lo que su compañía es en la actualidad: la organización líder mundial en entretenimiento y esparcimiento infantil[24], aunque su aura se proyecta a todas las edades.

Todos los productos de la factoría Disney son pioneros en aspectos tecnológicos de imagen, sonido, creatividad y un largo etcétera, porque el Grupo Disney ha sabido consolidar su crecimiento mediante fusiones y compras estratégicas de otros estudios y empresas, cuyo *know-how* consideraban necesario.

¿Qué es lo que caracteriza el liderazgo de Walt Disney? Fundamentalmente que se anticipa siempre a su tiempo. Todo empezó con *Blancanieves* y su empeño por convertirla

---

24   El equipo de liderazgo de Disney gestiona la mayor compañía de medios de comunicación del mundo, uno de los *majors* de la industria audiovisual (cine y televisión), la mayor industria de parque de atracciones y son los visionarios que hay detrás de algunas de las más respetadas y queridas marcas del orbe. Su dirección estratégica se centra en generar el mejor contenido creativo posible, fomentar la innovación y la utilización de las últimas tecnologías, además de la expansión en nuevos mercados a escala global.

en el primer largometraje de animación (fotograma a fotograma, dibujo a dibujo). Pero continuó con los años.

El *Rey León* elevó el nivel con la aplicación de técnicas digitales, sonido y otras innovaciones que le aportaban ritmo, gran luminosidad de las imágenes, una historia bien contada y una banda sonora de calidad que se le amoldaba como anillo al dedo.

La organización Disney impuso modas y criterios de actuación basadas en la visión de que el liderazgo puede abarcar cualquier ámbito de la vida, haciendo que los dibujos animados y Disneyland se convirtieran en auténticos emporios empresariales. Pero además Disney tenía otras cualidades, que son las que destacamos en los líderes efectivos:

- Generaba confianza en su equipo
- Transmitía y enseñaba su visión a todo el personal
- Se enfrentaba a los problemas

EXTRAPOLEMOS EL LIDERAZGO DISNEY A CASOS MÁS PRÓXIMOS

Los principios que Disney aplicaba son extrapolables a circunstancias que pueden darse en cualquier organización, por ejemplo, el de una empresa distribuidora mayorista importante en la que sucede un problema en el departamento comercial con los envíos de las nuevas condiciones de venta para clientes activos en cuenta corriente.

La comunicación puede levantar ampollas en más de un cliente del negocio, especialmente en los que llevan más de cinco años en la categoría de tipo preferencial. Todo el mundo tiene una opinión sobre cuáles deberían ser las posibles soluciones, pero el tiempo es el factor clave y se va agotando, ya que hay que dar respuesta a la incidencia de manera rápida y correcta.

Existen determinados protocolos para enfrentar cuestiones que pueden presentarse en un departamento determinado, e incluso extensibles a situaciones de crisis, en los que se indican todos los pasos a dar, como nombrar el portavoz de la organización, qué cosas y en qué momentos pueden decirse y cuáles no, etc. En nuestro ejemplo, en el día a día prevalece ese líder experimentado sobre los protocolos que a veces no se ajustan al problema que se ha suscitado, o porque simplemente han quedado obsoletos.

Cuando todo el departamento está patas arriba y se están generando cruces de opiniones para ver cómo resolver el problema, llega por fin esa voz de la experiencia a poner un poco de sosiego; pero especialmente con una mente clara y serena para dar una solución, sacando al personal del caos e inspirar a todos, incluyendo el propio jefe de departamento.

Se neutraliza el pánico porque al menos una persona puede pensar con la mente fría[25]. La pregunta que puede hacerse –de hecho es la que siempre se hace todo el mundo— es ¿qué tiene esta persona que ninguna otra de esta empresa posee? La respuesta se concentra en una sola palabra, aunque la vamos a desmontar como si de un mecano se tratase: liderazgo. Este es el sustantivo, pero el verbo se llama «liderar» y el nombre propio es «líder».

---

25   Se observa en nuestras acciones cotidianas, por ejemplo, cuando un jefe llama la atención de un empleado delante del resto de miembros de un departamento y/o equipo, pero lo hace de manera inapropiada e injusta. Lo mejor que puede hacer el afectado es lo que se conoce coloquialmente y también en el ámbito de la psicología clínica, como «mantener la mente fría». Significa que aquellas emociones que son intensas (rabia, orgullo, venganza, ira) hay que dejarlas pasar para poder tomar las decisiones correctas, con calma y serenidad. Porque en plena erupción de emociones y sentimientos negativos no hay que hacer nada, y menos aún tomar una decisión porque después con seguridad vendrá el arrepentimiento, justamente porque al no haber reaccionado con la cabeza fría se ha facilitado el cometer errores, tanto en los hechos como en las palabras, que después cuesta mucho más enmendar.

CARACTERÍSTICAS DE UN LIDERAZGO DE ANTICIPACIÓN[26]

¿Qué tiene de diferente a otras formas de ejercer el liderazgo? Que genera confianza. Los empleados saben que este tipo de líderes no solo son de confiar, sino que inspiran un sentimiento más profundo y que brinda más seguridad como es la credibilidad. Es el caso de un jefe (líder) que baja al ruedo a resolver el incidente que estaba afectando a todo el departamento.

Quienes confían en su líder saben que no dan un salto al vacío. Porque la seguridad a la que les tiene acostumbrados al enfrentar los problemas que surgen de repente es una inyección de confianza y garantía de que todo va a resolverse. Los empleados saben perfectamente que si caen las ventas bajan sus ingresos. Pero, además, un cliente (solo uno) disconforme es una vía de agua de una posible pérdida de más clientes.

¿Cómo saber en quién confiar?[27] Siguiendo con nuestro ejemplo, el líder dio instrucciones al jefe de departamento

---

26 *Metris Leadership, Why anticipation matters in high performance teams* (Por qué la anticipación es importante en los equipos de alto rendimiento) (http://metrisleadership.com/blog/archive/why-anticipation-matters-in-high-performance-teams/), señala que, en los negocios, la anticipación entre los miembros del equipo es un indicador importante de alto rendimiento. Es un marcador fuerte para la confianza y la cohesión de un equipo y su capacidad de auto-dirigir. En otras palabras, actuar ventajosamente en interés de las empresas sin una dirección externa continua. La anticipación en este contexto se dirige hacia los requisitos del equipo. Por eso destacan expresamente que «*en nuestro trabajo en Metris Leadership, a menudo nos centramos en desarrollar la autoconciencia en los líderes como condición previa para un liderazgo efectivo. Esto requiere una comprensión de su propio estado emocional y cómo responde al impacto de los eventos y las acciones de otras personas*».

27 A lo largo de nuestra vida todos nos encontramos con personas que de alguna u otra manera han traicionado la confianza que hemos depositado en ellas. Pero, ¿qué ocurre cuando esto se produce con un compañero de equipo en los ámbitos laborales o, peor aún, en la relación que se tiene con el jefe de equipo? La pérdida de esa seguridad nos afecta, pero también nos

para que se pusiera él personalmente a llamar a los diez o doce responsables de cuentas de las principales empresas que atendían para que explicasen que por error se les había enviado una comunicación que no era para ellos. Que las condiciones seguían siendo las que siempre habían tenido y que recibirían una nueva comunicación por escrito para que quedase constancia.

El resto de clientes, unos 250, serían informados también por un nuevo *mail* que sería seguido de una carta en la cual se daría cuenta del error. Y a los clientes con menos antigüedad se les explicaría que los acuerdos jamás se incumplen y que son vigentes al menos durante un año a partir del inicio de la relación comercial.

Existe bastante experiencia acumulada en las organizaciones, especialmente a partir de la última crisis, de que los empleados se han cansado de tener que afrontar situaciones inesperadas resultantes de la falta de preparación. De ahí que la seguridad y confianza se tenga en los miembros del equipo para que a su vez estos sigan teniendo absoluta credibilidad en sus jefes. No debe dejarse que se llegue a situacio-

---

puede inducir a cometer el error de generalizar y pensar que no podemos confiar en nadie, tan solo en nosotros mismos.

Esto nos lleva a volvernos desconfiados y estar siempre atentos a segundas intenciones en las acciones que los demás realicen, lo cual genera una cierta incomodidad en las relaciones interpersonales y puede provocar incluso cierto aislamiento del grupo. Por ello, aunque hayamos sufrido o suframos decepciones, es importante no perder la capacidad de confiar en los demás. Especialmente cuando se sabe que el líder tiene crédito personal y profesional suficiente para que confiemos en él.

Sin embargo, no estamos diciendo que se deba confiar en el jefe u otras personas de manera ciega y menos haciendo gala de una ingenuidad poco profesional. La prudencia nos exige saber en quién podemos confiar y darle el crédito que merece, sin caer tampoco en la tentación de ser discrecionales en el resto de confianza que otorgamos al resto de compañeros. Del mismo modo, el líder debe ser desde el inicio de la relación con los miembros de un equipo y/o departamento democrático en el otorgamiento de la confianza. Asimismo, debe actuar como si concediese un crédito que tienen que demostrar sus subordinados cada día de que son merecedoras del trato y ciertas licencias que el líder tiene con ellos.

nes en las que prevalezcan la inseguridad, desconfianza, etc., y hay que actuar de manera que los equipos se mantengan inspirados en la acción, sabiendo que su máximo responsable no hace promesas que no pueda mantener.

Y esta seguridad en la actuación del líder es el motor que genera confianza en las personas. La mera presencia del líder es en sí misma un valor que garantiza las relaciones con clientes externos e internos. Tanto da que lo prometido sea al principal cliente de la empresa como al último escalafón de los empleados.

TRANSMITIR Y ENSEÑAR LA VISIÓN

Cuando una persona es capaz de entusiasmar al grupo, lo hace de dos maneras: con su actitud ganadora, que se apoya en las que sabe son las competencias técnicas de su equipo, y con su visión, que les enseña a focalizar la realidad con ese ángulo de miras diferente.

Esa visión es la que permite al líder interpretar el entorno mejor que nadie. No significa que no consulte y escuche a su equipo. Lo que sí es claro es que los demás esperan siempre que él explique cómo ve la situación que se ha creado. Una vez más aparece la confianza en su experiencia, pero por encima de todo en la seguridad que tienen las personas de que su máximo responsable es capaz de reconducir la situación.

El líder no solo ve, sino que enseña la forma de ver. Aquí es donde entran la formación y la capacidad (y predisposición) que tenga para enseñar a su personal. La capacitación y el entrenamiento permanente de personas y equipos es lo que caracteriza a los líderes anticipativos.

Los líderes efectivos creen que la única manera de que el equipo aprenda a visualizar lo que realmente debe ver (saber focalizar) es que, además de aquella confianza referida, insuflen grandes dosis de entusiasmo, de manera que hasta el último de los empleados sienta que está en una competición ganadora. Que como organización están marcando la diferencia. Además, y quizás la clave de todo, que forman parte de un grupo que se siente respaldado y que sabe que cada paso es positivo para el equipo y la organización, que terminará mejorando en su situación laboral y profesional. Que hay futuro por delante porque hay un proyecto de empresa sostenible.

De esto puede concluirse que, ante la pregunta de cómo de importante es la personalidad del líder, cabe una sola respuesta: solo con confianza y entusiasmo un líder puede transformar toda la cultura de una organización.

Otro factor derivado: la confianza le hace creíble ante el personal, independientemente de que su credibilidad profesional ya esté más que probada tanto a nivel interno como en el propio mercado en el que la organización compite.

El líder efectivo y de anticipación no solo puede llevar a cabo una transformación cultural en la organización, sino que está impulsando al resto de personas a incorporar este cambio de cultura como parte cotidiana de sus acciones.

Es evidente que en el mundo digital en el que están inmersas las organizaciones, personas y sociedades, las estrategias deben ser cada vez más estudiadas, al mismo tiempo que precisas sus aplicaciones. Se cuenta con exceso de información y la estrategia en sí misma tiene que ser una herramienta que adapte y ajuste circunstancias (datos, entorno, etc.) a los recursos disponibles. Especialmente relevante será la asignación de estos a fin de que la estrategia sea efectiva y no se diluya en un mundo digital extremadamente amplio y complejo.

¿Qué tipo de liderazgo nos deja la enseñanza de Walt Disney? Su personalidad, la «personalidad Disney», que ha sobrevivido décadas a la desaparición de su creador. Esto nos ofrece una primera conclusión acerca de los líderes transformadores y de anticipación: sus acciones e ideas prevalecen mucho más allá de su obra. Dejan una herencia de liderazgo porque se han tomado el tiempo y el trabajo de crear dos y tres generaciones de líderes que siguen manteniendo a la organización como líder del sector.

Líderes carismáticos ha habido muchos en la Historia. Y ese carisma es la capacidad de ilusionar, de comprometer, de unir, de tener capacidad de arrastre, de generar confianza… Y, lamentablemente, en la mayoría de los casos esos líderes carismáticos enterraron su carisma con su muerte sin dejar un legado a sus sucesores.

Cuando hablamos de personalidad, queremos añadir al concepto de carisma, la capacidad de transferir ese carisma a otros y a la propia organización. Rara vez un líder que infunde entusiasmo está dando –como suele decirse en la jerga del *management*– «un paseo por el campo». Todo paso que da, todo camino que emprende tiene un propósito. Porque hay un plan y una meta por cubrir. Pero como el alpinista de base que cuida de sus compañeros de escalada, también hay un alpinista que guía la expedición para culminar con éxito la empresa.

El líder efectivo, como los dos alpinistas claves en la escalada, para coronar su particular cumbre (objetivo empresarial) requiere de su personal de base y de los que están en la retaguardia (jefes de equipo, departamento y otros directores). Pero a diferencia de la montaña, la empresa no necesita que esté en más posición que la de coordinar las acciones.

En nuestro relato, el líder no llegó pegando voces ni inculpando a algunos miembros del equipo como si fueran incompetentes. Todo lo contrario: los animó a rectificar y a salvar el buen nombre y la reputación frente a una clientela excesivamente sensible a los vaivenes de los precios y las condiciones. Un error de este tipo en épocas de bonanza económica y bajo otro modelo de gestión de los recursos humanos, hubiera provocado dimisiones. No había margen para el error humano.

Hoy día lo que no hay es margen para el error en la dirección de personas. Esto implica la necesidad de reemplazar las reprimendas por la motivación. Una persona motivada es mucho más fácil de inspirar por parte del líder de equipo que si está en un ambiente de tensión y malestar. Por ello, una tercera pata de la mesa de este líder que estamos analizando es contribuir a que el ambiente sea un espacio de *well-being* en el que las horas de trabajo se lleven con buen ánimo, confianza, en un ambiente relajado, con una comunicación oportuna y fluida; pero especialmente que lo que están haciendo forme parte de un engranaje que permita alentar el optimismo en el grupo.

Varios autores españoles proponen en este ámbito del liderazgo la creación de organizaciones felices o «felicaces» que aumenten las zonas de confort en la actividad cotidiana de trabajo mediante la delegación, la creación de equipos, medidas de corresponsabilidad, ambientes de trabajo creativos y relajantes, medidas de promoción y ascenso, motivación y estímulo, gestión emocional de personas, etc. El profesor Juan Carlos Maestro y Salvador Molina coordinan ese proyecto. Los autores de esta obra también están en la generación de esta cultura de la «felicacia» como herramienta de cambio y bienestar personal o *well-being*.

SIEMPRE SE ENFRENTAN A LOS PROBLEMAS

Los líderes miran los problemas y los retos de frente. Para estos líderes de anticipación, los retos no son un problema en sí mismos sino una oportunidad. Siempre están en la línea de salida como esperando el disparo del juez de la competición. ¿Pero el equipo lo entiende así también? Esta pregunta no es infrecuente. De ahí la importancia de la comunicación interna del líder con su equipo.

Hay que transmitir un mensaje claro para que se comprenda bien que nos enfrentamos a determinados desafíos de mercado y/o tecnológicos, o cuando sobreviene un giro inesperado en los negocios que puede afectar gravemente a la viabilidad de la organización. El líder, a pesar de la gravedad de las circunstancias, sigue teniendo serenidad para focalizar como se debe el problema al que se enfrentan, sin quitarle importancia y tampoco sin exagerar más de lo que es conveniente.

Hay que estar siempre preparados para nuevos retos, y en todo ello el ambiente de trabajo juega un papel muy importante para afrontar situaciones extraordinarias[28].

---

28   Ana Muñoz es licenciada en Psicología y especialista universitaria en Medicina Psicosomática y Psicología de la Salud. Sus conocimientos de Medicina, Psicosomática y terapias alternativas la han llevado a tener muy en cuenta la fuerte conexión entre cuerpo y mente y cómo ambos se interactúan hasta el punto de que es imposible separarlos.

Ana Muñoz, además de psicóloga es escritora, siendo su motivación principal ampliar continuamente sus conocimientos de psicología y transmitirlos a los demás, de un modo que les ayude a afrontar sus problemas, crecer como personas y desarrollar su pleno potencial.

Ha trabajado en práctica privada y en diversas áreas de la psicología. Es directora de http:www.cepvi.com que es un portal de psicología, medicina y terapias alternativas creado en 2002 como un centro de psicología virtual. Ana Muñoz es autora de libros de autoayuda e imparte cursos *online* sobre habilidades y técnicas esenciales para afrontar y superar los problemas emocionales.

Su carta de presentación es impactante y deberíamos tenerla en cuenta en las acciones y decisiones que a diario tomamos: «*Vivimos en un mundo lleno*

El líder sabe lo bien que su equipo realiza las tareas y cumple con sus responsabilidades. No se puede pretender que los problemas no ocurran, porque además de que suceden, lo hacen de manera inesperada. Por lo que alentar el optimismo y entusiasmar a la gente no es una huida hacia delante sino la manera de que el líder cohesione bien a su personal y facilite que entre todos se encuentren (bajo su coordinación y visión) soluciones positivas, o al menos, neutralizar lo más que se pueda las circunstancias negativas que les están afectando.

de normas e ideas preconcebidas acerca de lo que debemos ser, hacer e incluso sentir. Desde la infancia sentimos una fuerte presión de hilos invisibles que nos empujan en direcciones predeterminadas. Así, no es raro que acabemos muchas veces llevando vidas insatisfactorias y sin sentido, haciendo trabajos con los que no disfrutamos, o inmersos en relaciones destructivas o vacías. Si lo estás viviendo sin duda lo sabes, pero lo que tal vez no sepas es que todo eso se puede cambiar, en cualquier momento y tengas la edad que tengas».

Lo que viene a expresar es que cuando nos enfrentamos a la realidad, por ejemplo, un giro negativo inesperado en las actitudes de los consumidores hacia nuestros productos, tenemos que evitar que la idea preconcebida que forma parte de lo que se llama estructura de personalidad, nos esté metiendo presión en las decisiones que tengamos que tomar ante el problema que debemos resolver.

El líder, no solo explicará por qué vamos a tomar determinada medida, sino que las personas del equipo involucradas en la resolución del mismo no sientan insatisfacción y malestar, sino que sientan que el trabajo que hacen a pesar de las dificultades a las que se han enfrentado tiene sentido y vale la pena el esfuerzo. El líder percibe la inseguridad y las dudas de su personal, haciendo un esfuerzo por neutralizar esas insatisfacciones y ansiedades que pueden ser muy destructivas para la cohesión de equipo.

CAPÍTULO 7
LECCIONES QUE GUY KAWASAKI APRENDIÓ DE STEVE JOBS

LAS REGLAS BÁSICAS PARA TODO LÍDER QUE SE PRECIE

Nos parece muy elocuente la descripción que el portal de la «Conversion Summit» hace sobre la situación actual del mercado digital: «*Hay momentos salvajes. La revolución digital es como una tormenta violenta porque las formas existentes de organización y los factores de éxito se destruyen más rápido de lo que la mayoría prepara su relanzamiento del sitio web*».

Justin Bariso[29] es fundador y líder de Insight, un grupo de consultoría que ayuda a las organizaciones a mejorar su capacidad de trabajo a nivel mundial. Se trasladó a Alemania en 2011, habiendo trabajado previamente durante trece años en Nueva York. Es consultado por líderes empresariales de todo el mundo. Cree en la retención del talento y tiene la firme convicción de que se puede aprender mucho de otras culturas.

---

29   Justin Bariso creó Insight Global cuyas señas de identidad hablan a las claras de cuál es la filosofía empresarial de su creador: «*El mundo siempre se mueve hacia delante. No se pueden quedar atrás*». «*Fundé Insight Global para ayudar a las empresas a pensar diferente y a comunicar con impacto*».
* ¿Cómo puede usted inspirar a su equipo hacia el éxito?
* ¿Cómo construye usted la lealtad en su organización?
* ¿Cómo capitaliza el poder de las emociones tanto suyas (se refiere al líder) como del resto a fin de cumplir los objetivos?
Señala a continuación Bariso que él se centra en estos objetivos para que a sus clientes les vaya bien.

Se ha dicho que «*Guy Kawasaki es una de las pocas personas que ha sobrevivido trabajando para Steve Jobs en dos ocasiones*»[30]. Guy Kawasaki es muy conocido por su apoyo a la innovación y el espíritu empresarial, habiendo sido uno de los primeros empleados de Apple, para después pasar a asesorar y asistir a una serie de exitosas empresas en el sector de las nuevas tecnologías.

Kawasaki reconoce que trabajar para Steve Jobs no fue fácil, pero también dice que fue una de las mejores experiencias de su vida. Justin Bariso relata cómo el 6 de octubre de 2011, un día después de la muerte de Jobs, Guy Kawasaki tenía previsto dar un discurso sobre el tema de «Cómo enamorar clientes» en el Silicon Valley Bank's CEO Summit, pero, impactado por la desaparición de Jobs, cambió su discurso en el último minuto para referirse a las lecciones que aprendió de Steve Jobs, que para Kawasaki son doce reglas básicas para todo líder que se precie y que comentamos a continuación.

---

30   Guy Kawasaki posee un amplio conocimiento de la innovación, el espíritu empresarial, los medios sociales y el marketing. Primero, y ante todo, es un evangelista,término que proviene de una palabra griega que significa «llevar la buena noticia».

Se alinea con las empresas y las causas que empoderen a las personas, democraticen la tecnología y hacen del mundo un lugar de meritocracia.

Ha escrito trece libros, y es conferenciante de reconocimiento internacional y miembro fundador de «Wikipedia Foundation».

Forma parte del *The Berkeley-Haas Executive Fellow,* que es una división creada en 2007 en la Haas School of Business de la University of California Berkeley para ejecutivos y líderes de opinión respetados con la finalidad de servir como asesores del decano, profesores y personal. Los estudiantes también están expuestos a las ideas pioneras y la experiencia de compañeros ejecutivos Haas mediante su participación en diversos eventos y programas.

SOBRE EXPERTOS, CLIENTES Y DESAFÍOS

Primera regla: Es inútil contar con expertos

Steve Jobs sostenía que contar con analistas y gurús no necesariamente significa que le vayan a ayudar como empresario, porque sus opiniones puede que no sean más que eso, opiniones. Kawasaki lo explica: *«Steve Jobs no escuchaba a expertos; al contrario, los expertos le escuchaban a él».* Y agrega: *«Como empresario que vas a tener que resolver las cosas por ti mismo, no confíes en los demás».*

Tanto Steve Jobs como Kawasaki son personalidades que exceden ampliamente la media de conocimientos y talento de la gente normal. Cuesta imaginar tanto talento junto, y además, en cierto sentido emociona la humildad de Kawasaki de reconocer en la justa medida lo que aprendió de Jobs. Pero justamente por ser dos personas excepcionales nos vemos en la obligación de aclarar que los empresarios y muchos directivos de organizaciones seguirán siempre necesitando del consejo de consultores externos dada la complejidad del mercado y la situación de permanente estado de cambio, porque la tecnología imprime giros muy rápidos a las formas de hacer y también a la filosofía empresarial.

Pero en el fondo Kawasaki nos propone una realidad palmaria: las decisiones son personales de cada líder; un consultor o un experto nunca podrá desplazar esta responsabilidad; solo podrá ayudar a conformar el raciocinio o la visión previa de cada líder antes de su toma de decisiones.

Segunda regla: Los clientes no pueden decirle lo que necesitan

Kawasaki recuerda en el discurso que Steve Jobs dijo la famosa frase: *«Muchas veces las personas no saben lo que quieren hasta que se les muestra»*. No es desprecio por el cliente, sino la consciencia de que cuando se abren mercado con productos no concurrentes por su carácter innovativo, no se puede esperar a que surjan los problemas para darles solución, sino que hay que interiorizar y visionar los problemas futuros para anticipar sus soluciones. Es como si el general al mando del desembarco de Normandía hubiera imaginado previamente todas las defensas alemanas en la playa, en el aire y en la campiña francesa para prever la capacidad de reacción de sus tropas.

Justin Bariso completa esta regla afirmando que las mejores ideas vienen de los que identifican los problemas que necesitan solución antes de que nadie haya hecho nada al respecto.

O, como nos gusta decir a algunos de los autores de este libro: «en la misma formulación de la pregunta se encuentra oculta la respuesta». Si sabemos formular bien los problemas, habremos hallado las soluciones.

Los grandes líderes como Jobs se anticipan, tanto en el proceso creativo de diseño (algo que los demás no han pensado aún) como en la forma de enfrentarse a los problemas, sin vacilaciones. O sea, tienen capacidad de respuesta en ambas situaciones: las que tienen que ver con el futuro (nuevos productos, diseños, mercados, etc.) y las que pueden comprometer el día de mañana.

Es por ello que la mejor manera de atajar los problemas es adelantarse a ellos. Existen problemas que nos sobrevienen sin que nos demos cuenta. Es cierto. Pero mirémoslo desde otro punto de vista: ¿cuántos problemas y desafíos a los que se ha enfrentado en los últimos años le han sorprendido? Seguro que en un porcentaje razonable –digamos la mitad– ya presuponía que «por aquí» iba a tener dificultades, lo que le habilitaba para prever y tomar decisiones. Si domina su negocio y/o su actividad profesional, es seguro que mantendrá un buen ratio de soluciones anticipadas a los retos a los que se enfrenta. Dentro de lo técnicamente posible y apelando a esa capacidad de anticipación, no debemos permitirnos ser sorprendidos.

Tercera regla: De los grandes desafíos surge el mejor trabajo

Kawasaki dice que hay que pensar en los clientes más exigentes, así como en los más quisquillosos. No es un placer tratar con ellos pero no se puede negar el hecho de que la solución de sus problemas nos hace mejores.

Jobs era conocido por su atención al detalle y a la excelencia. Este fue un gran desafío para los que trabajaban con él, pero también sacó lo mejor posible de todos ellos. Lección de Kawasaki: «*Desafíe a su equipo y no eluda los desafíos que se le presentan, porque podrá incluso sorprenderse de lo que es capaz de hacer*». Se trata de elegir entre seguir subsumido en el problema o elegir el camino de la solución.

Y es que la capacidad de respuesta de una persona no solo depende de sus habilidades técnicas, y especialmente de su liderazgo, sino de sus competencias emocionales. De ahí que siempre insistamos con la famosa alocución de Epicteto[31]: «*Lo importante no es el problema en sí, sino cómo se reacciona ante él*».

---

31 Epicteto (55-135 d. C.) fue un filósofo griego que vivió en la Roma imperial de Domiciano, Trajano y Adriano. Pertenece a la escuela estoica, aun-

Decía Napoleón que un buen enemigo te hace crecer porque saca lo mejor de ti. ¡Esa es la actitud!

SI FUNCIONA A PESAR DE LAS VARIACIONES, ESO ES LO QUE IMPORTA

Cuarta regla: Hay que reencontrarse con el diseño

Kawasaki afirma que «*en un mundo donde todos están hablando de precios, el diseño sigue contando, porque para muchas personas, el diseño es el producto*» y hacía referencia a un estudio que había llevado a cabo con sus clientes en Alemania para determinar la imagen de marca. Se les dio una lista de empresas y se les pidió que escribieran las tres primeras palabras o frases que les venían a la mente al ver el nombre de la empresa. Afirma, y no nos sorprende, que cuando se trataba de Apple, un gran número de participantes registró la palabra diseño.

La industria del lujo lo sabe bien y siempre ha basado su marketing tradicional en un *packaging* (empaquetado o envoltorio) espectacular que hace crecer la percepción de va-

---

que se le considera más un moralista volcado a cuestiones prácticas, como el caso por ejemplo, de que el hombre debe probar su valía en la vida cotidiana en contraste con la realidad.

Fue de los primeros pensadores que ofreció a sus discípulos un camino adecuado para alcanzar la felicidad personal, bajo el pensamiento de que solo si se hace lo correcto se puede alcanzar la vida plena y feliz.

Esto abre otro debate: ¿cómo sabemos qué es lo correcto? Porque además hay que tener la capacidad para distinguir qué cosas son las que se pueden cambiar, para de esta forma poder mejorar. Pero hay muchas cosas que no podemos cambiar; entonces, no nos queda otro camino que aceptarlas. Cuando se acepta algo estamos ejerciendo el aprendizaje de la aceptación, el cual nos permite ser felices. También debemos hacer un buen uso de las ideas y así distinguir lo que es útil de lo que no lo es.

lor del producto que encierra, ya sea un perfume, un bolso o unos zapatos.

Por ello, coincidimos absolutamente con la estrategia de Apple que siempre ha sido considerada una de las marcas mejor valoradas en todas las encuestas y estudios. Cuando usted no solo inventa una tecnología, sino que fundamenta su marca en crear un estilo propio de diseño, color, usabilidad y formatos, genera un *branding* (estrategia de marca) robusto. El producto, la marca, la imagen de marca y el diseño son consustanciales en la decisión de compra, tanto o más que la relación calidad-precio. Es una paradoja y un nuevo paradigma del marketing actual.

Quinta regla: Grandes gráficos, gran fuente

Kawasaki nos recuerda que la mayoría de las personas que tienen que exponer frente a un auditorio utilizan un Power Point, señalando el mal uso que se hace del mismo.

Muchos malos oradores (de los que las universidades y las empresas están llenos) confunden el instrumento con el argumento, convirtiéndose en narradores del grafismo y textos que soporta la herramienta de proyección de la presentación, en lugar de usarlo como elemento de ilustración, escaparate y llamada de atención sobre el discurso. Confunden argumento con instrumento. Steve Jobs fue bien conocido por su uso de los grandes gráficos y por utilizar fuentes que fueran entendibles.

Nosotros queremos aportar también una idea adicional a nuestros lectores que es el poder del relato (*storytelling*), porque un buen argumento (historia) es más poderoso, más fácil de recordar y más motivador que cualquier grafismo.

Sexta regla: Curvas de salto, en vez de pequeñas variaciones[32]

Kawasaki afirma que «*si realmente quiere ser emprendedor e innovador, tiene que saltar curvas; no hacer que las cosas sean un 10% mejor, sino 10 veces mejor*». Hace referencia a cómo el iPod reemplazó al Walkman. O cómo iPhone reemplazó a Blackberry. O cómo el iPad está mejor posicionado que cualquier otra tableta.

La gran innovación se produce cuando los empresarios intentan saltar la curva. De aquí que grandes saltos marquen la diferencia. La experiencia de Apple es que los grandes saltos tecnológicos nos ponen en la mano dispositivos cada vez más pequeños y potentes.

Pero hay que aclarar una cosa: han sido las nuevas tecnologías las que justamente han permitido dar estos grandes saltos. En el pasado, antes de la revolución tecnológica de la era de la globalización de los 90, los saltos cualitativos en las curvas de producción eran progresivos. A partir de estas fechas, y más aún al entrar en el siglo XXI, los saltos son exponenciales. Tecnologías que ni siquiera pasaban por la mente

---

32   La tecnología y el proceso de innovación constante y cada vez a mayor velocidad nos hace tener muy en cuenta las «curvas S», que son las que representan la mayoría de los procesos, especialmente aquellos de aprendizaje complejos.

En el mundo de la innovación tecnológica las curvas S explican el proceso de introducción, crecimiento y maduración de una tecnología. Existen tres fases, siendo la primera cuando se inicia la introducción de una tecnología particular, por lo que la tendencia es invertir grandes cantidades de recursos para que dicha tecnología evolucione y mejore en cuanto a prestaciones. Los beneficios en esta etapa son limitados porque se requiere mucho esfuerzo para obtener pequeñas mejoras.

En la segunda fase es el momento en el que se superan los grandes obstáculos técnicos que limitaban el crecimiento en la primera fase. Este es el punto en el cual se produce el crecimiento en cuanto a prestaciones de la tecnología. Un pequeño esfuerzo redunda en una gran mejora de las mismas.

Pero como todo proceso tiene su fin, finalmente se produce un estado de estancamiento en el que la tecnología llega a su límite y, por lo tanto, la mejora en prestaciones no se produce de manera tan clara.

de nadie hace dos años, hoy pueden revolucionar los mercados y cambiar nuestros hábitos y pautas de consumo de un año para otro. Basta pensar en el WhatsApp como forma de comunicación de última generación. Sorprendente.

Séptima regla: Funciona o no funciona, es todo lo que importa

Kawasaki afirma que cambiar de opinión es un signo de inteligencia: «*Cuando el iPhone salió a la luz no se permitió aplicaciones de terceros. La seguridad era un tema importante, por lo que fue la calidad de la experiencia…*». Seis meses más tarde, cambió su posición por completo y abrió el iPhone a desarrolladores.

¿Cuál es la enseñanza que aprendió Kawasaki? Ser flexible cuando sea necesario. O, como diría el Padre Ángel en otro contexto: «*Mejor pedir perdón que pedir permiso*». Porque rectificar es de sabios y hay que estar preparados para medir y rectificar decisiones sin inmovilismos trasnochados.

Y es que rectificar no solo es de sabios, sino también una buena estrategia de mercado que puede estar previamente guionizada.

En el fondo del asunto relatado por Kawasaki, hablamos de abrir la tecnología cautiva de Apple a otros desarrolladores. Y es que en el siglo XXI no puede haber espacios cerrados cuando se impone la economía colaborativa, el *software* libre, los espacios de co-creación… ¡es «*el poder de la colaboración en la era digital*»! (Cfr. *Talentocracia. El poder de la colaboración en la era digital*, escrito por Salvador Molina y Eduardo Toledo, publicado por Editorial Kolima, 2018).

VALOR Y TALENTO

¿Cuál es la percepción[33] que cada persona tiene de un producto?

Octava regla: Valor es diferente de precio

Kawasaki dice: «*Un artículo puede costar más, pero ¿cuál es su valor? ¿Qué pasa con factores tales como la facilidad de uso, el aumento de la productividad y un menor coste de uso? ¿Cuánto cuestan estos añadidos para el cliente?*». Coincidimos con él en que organizaciones líderes como Apple, McKinsey o Mercedes se basan en la premisa de que los clientes pagarán un precio elevado por un plus en la percepción de alta calidad.

La pregunta que se hace Kawasaki de ¿cuál es la percepción de valor para el producto o servicio de su empresa? los autores de este libro la suscribimos al completo.

---

33   Percepción que cada persona tiene. El ejemplo típico es cuando ante la imagen de un cuadro impresionista o cubista se pregunta a las personas asistentes a una exposición qué es lo que representa esa pintura para ellas y que lo digan en palabras simples porque carecen de los conocimientos de la técnica pictórica.

Las experiencias docentes y de investigación en muy pocas ocasiones han dado situaciones de opiniones iguales o muy similares de dos personas o tres personas como mucho. Y esto se debe a que nuestra visión es interpretada por nuestros sentidos (la percepción que tenemos) de manera totalmente diferente a escala individual. Solo cuando el coordinador de ese curso explica algunas razones de por qué y qué significa esa imagen, entonces la percepción cambia porque nuestra interpretación se deja llevar por la orientación que se ha dado.

Se trata de nuestra visión o percepción de la realidad. A pesar de que todos percibimos el mundo a través de los mismos sentidos, es nuestro cerebro quien interpreta estas visiones o percepciones de la realidad y las convierte en algo tangible para nosotros.

Muchas iniciativas, especialmente de emprendedores, fracasan por creer que su producto va a ser demandado, cuando finalmente no hay tirón del consumo porque algo en cuanto al valor que representa para el consumidor no ha funcionado.

Richard Branson, cuando le preguntan por el éxito que ha logrado dice a este respecto: *«Cuando entro en un nuevo sector de actividad, me pregunto en qué podemos mejorar la calidad de vida de las personas».*

Y esta filosofía empresarial, además de representar exactamente el valor en el contexto al que nos estamos refiriendo, significa una manifestación tangible del talento del líder para que se tengan en cuenta aspectos intangibles de la vida de las personas, tales como la felicidad, la confianza, la satisfacción que les produce ese nuevo producto y/o servicio, porque les está resolviendo una necesidad que no tenían cubierta.

LA VISIÓN DE LOS EMPRENDEDORES Y LOS LÍDERES

Hablamos de emprendedores en la acepción más amplia del concepto, como innovadores, empresarios y emprendedores *stricto sensu*. Nos interesa la visión tanto del que inicia hoy una *startup* como las decisiones de inversión en nuevos sectores de economía de una corporación industrial que lleva veinte años en el mercado.

Cuando el emprendedor es también líder crea en su mente el escenario que estima será aquel en el que le tocará interactuar. Lo importante es la capacidad de visualización de cómo será ese nuevo escenario, qué reglas de las que se aplican actualmente con el modelo de negocio servirán o, por el contrario, cuáles son las que hay que erradicar para adaptarse a la nueva arquitectura del mercado.

Y es en este punto en el cual entra la novena regla de nuestro análisis.

Novena regla: Líderes «A» contratan gente «A»

Kawasaki afirma que, por lo general, cuando una empresa es pequeña está decidida a contratar solo a los empleados tipo «A». Pero a medida que la empresa crece, el miedo y la política establecida hacen que algunos mandos intermedios, por miedo a generar competencia a su trabajo, pasen a contratar personal de tipo «B», lo que a su vez va configurando una estructura de personal que en vez de ir hacia arriba se encaminaría a la baja, ya que seguramente los tipo «B» cuando tengan voz y voto contratarán empleados tipo «C».

De ahí que Kawasaki insiste en que hay que contratar a los mejores y, si es posible, que sean mejores que uno mismo.

Y no se puede estar más de acuerdo con Steve Jobs en momentos como los que transitamos ahora en los que la Inteligencia Artificial, las máquinas que aprenden y la robótica está comenzando a copar los puestos de trabajo de menor valor añadido. Los empleados tipo «C» no interesan ya ni para tareas manuales, telemáticas o «robotizables».

Hay que empoderar a los empleados y facilitarles ambientes de crecimiento personal, porque en el crecimiento de las personas reside el éxito del crecimiento de las organizaciones, y más aún, en una economía de servicios y de innovación como la que caracteriza al siglo XXI.

Jobs tenía un eslogan contundente en cuanto a los Recursos Humanos: *«Contratamos gente inteligente no para decirles lo que tienen que hacer, sino que los contratamos para que ellos nos digan lo que nosotros debemos hacer».*

Esto nos lleva a por qué contratar equipos «A».

Asegurar el éxito de una organización pasa por dos meridianos claves. En primer lugar, tener una estrategia bien definida y mejor aún implementada. Y, además, la elección de los mejores equipos. (Ver capítulo 5 en cuanto a talento y retención del talento).

En cuanto al personal, independientemente de las capacidades, formación y experiencia que se le supone para cada función que deban realizar, no menos importante es que la mayoría de las personas estén dispuestas a dar lo mejor de sí, porque son responsables, se preocupan por su trabajo y asumen un compromiso con la organización.

¿Pero esta predisposición de las personas a entregarse al cien por cien, demostrar tener un excesivo celo en cuanto a su responsabilidad, así como asumir un compromiso con su trabajo y con la organización, se consigue solo con un buen salario que sea acorde con las tareas y responsabilidades? La respuesta que daría la doctrina más convencional sería: no necesariamente. ¿Por qué?

Porque hay que insuflar optimismo en el futuro explicando por qué se toman las decisiones en el presente. Si se comprende bien cuál es la visión, mejores serán aún las buenas ideas que puedan aportar personas cualificadas y equipos de alto rendimiento. Además, cuando pertenecen a esta categoría de equipos A, pueden trabajar también de manera más autónoma, porque su carácter independiente les ayuda a auto-motivarse, incrementar su grado de compromiso y lealtad con el líder y la organización. Empujan e impulsan la ya de por sí natural motivación de los líderes y emprendedores efectivos, aunque la misión de ambos sea coordinar y centrar bien tanto motivación como esfuerzos para no dilapidar energía en tiempos ociosos e improductivos.

Son esas personas en las que se puede confiar y en las que el líder puede apoyarse y contar con ellas para no solo cumplir los objetivos previstos, sino para fijar nuevas metas más ambiciosas, porque sabe que se trata de personal y equipos adecuados.

Las preguntas que podemos formularnos son: ¿Cómo encontrar a estas personas? ¿Cómo reconocerlas cuando las seleccionamos? Pero hay algo aún más importante en el proceso de búsqueda de nuevos talentos: asegurarse de que una vez que tenemos la certeza de que son las personas adecuadas, con las habilidades requeridas y que encajan perfectamente en el equipo, hacer un seguimiento especial de las mismas para su formación y entrenamiento.

Décima regla: Es conveniente que los CEO hagan la presentación

Kawasaki se pregunta: «*¿Alguna vez se sentó en una presentación donde el jefe de la empresa o del proyecto se gira y dice que mi jefe de diseño hará la demostración del producto?*». Jobs fue famoso por dirigir sus propias demos. No siempre era perfecto, pero quería asumir él esa responsabilidad. Kawasaki afirma que usted también debería hacerlo.

Es una muestra de fortaleza del liderazgo. Trasmite control del líder sobre toda la cadena de valor de la compañía, aunque delegar no es ningún pecado y también comunica concepto de equipo.

El máximo responsable, cuando coge el timón en la demostración, está infundiendo confianza. Y esto construye también, y en un elevado porcentaje, el valor de marca.

Sin embargo, hay que matizar que el equipo de personas que realmente sustentan el contenido de la presentación y el diseño de la misma deben estar cerca, identificadas, ser mencionadas y promovidas junto al líder en lo que se presenta. Compartir el éxito también es importante. El líder no puede ser un Robinson Crusoe, sino *el primus inter paris*.

Undécima regla: Los auténticos emprendedores se embarcan en nuevos proyectos

Kawasaki dice que «*cuando haya saltado la curva, la primera versión de su producto o servicio puede que no sea lo mejor; aunque sí será revolucionario, pero aún con ciertos puntos débiles*». No hay que dejar que estas limitaciones le detengan en cumplir con los objetivos previstos porque si lo hace tendrá que esperar y la ventana de oportunidad se habrá ido.

Las oportunidades pasan, no por la puerta, sino por la ventana, lo que es una trampa intelectual, ya que no hay segundas partes en los negocios, y menos aún al ritmo en que se mueven las curvas de las que venimos hablando.

Duodécima regla: Algunas cosas tienen que ser vistas para ser creídas

La mayoría de las personas creen que las cosas tienen que ser vistas para ser creídas, pero no los verdaderos líderes y emprendedores. Ellos tienen que creer en su producto o servicio y entonces salir ahí fuera, al mercado. Solo después se pueden ver los resultados que se esperaban. Kawasaki es más que claro cuando dice: «*Si no cree, nunca sucederá. Si espera para una prueba, nunca sucederá. Si espera para la validación del cliente, nunca va a suceder. La razón por la que Macintosh fue un éxito es porque en el núcleo cien personas, empezando por Steve Jobs, creíamos en Macintosh. Y porque creíamos en Macintosh, se convirtió en realidad*».

Nuestra posición es que la creencia del líder, del emprendedor, no debe llevar a equívocos, que con frecuencia se producen por la obsesión de directivos o empresarios a los que les cuesta modificar una visión influenciada por una profunda creencia anterior basada en experiencias exitosas y formas de hacer las cosas que fortifican aún más su posición y enfoque de la situación. Las circunstancias han cambiado y la visión también debe ajustarse a la nueva realidad.

CAPÍTULO 8
¿ES UD. UN LÍDER «RED BULL»?

ENERGÍA EN EL CARÁCTER DEL LÍDER Y CAPACITAD DE ENERGIZAR

La energía de una persona subyace en su ADN. Se nota al caminar, en cómo se mueve, en la forma de responder, en su actitud frente a la vida. No debe confundirse tener energía con un carácter fuerte, porque no existe una correlación directa entre ambos. Lo que sí es cierto es que personas a las que se considera de carácter firme (categoría en la que entran los líderes) no solo generan energía, que tienen que dosificar para no agotarse, sino que también la transmiten a los demás, especialmente a sus equipos de trabajo.

La doctrina se ha venido preguntando durante décadas si el líder nace o se hace. Este interrogante se ha llegado a convertir en un tópico que está siendo desterrado por la evidencia empírica. Que hay condiciones innatas, nadie lo duda. Pero nadie niega que detrás de la personalidad del líder hay una gran cantidad de horas de trabajo, esfuerzo y superación. Este es el auténtico intangible que, como cuando se trabaja en una escultura, va dando forma a su condición y capacidad para liderar personas y organizaciones.

Para que no quede duda al respecto, sostenemos la que es la posición dominante actual de autores y expertos. Por más dones que la naturaleza les haya regalado, lo que hace que los líderes se distingan del resto se puede aprender con la experiencia, una buena formación y, muy especialmente, por haberse enfrentado a desafíos profesionales importantes.

Tampoco es imprescindible tener únicamente un expediente de éxitos, porque a veces uno o varios fracasos conforman la piel del buen líder. Son las cicatrices de un soldado curtido en mil batallas. Sabe qué cosas no hay que hacer y, lo más importante, enseñará a los suyos para que no incurran en los mismos tipos de errores. ¿Pero por qué algunos líderes son mejores y más productivos que otros? Esta es una gran cuestión que nos interesa analizar.

El liderazgo bien ejercido trata de hacer las cosas (coordinar, supervisar, orientar, formar, etc.) con todos los miembros de los respectivos equipos de forma coherente y provechosa.

Aprender y aplicar estos hábitos cotidianos es algo inherente a los que consideramos líderes excepcionalmente productivos[34]. Son los que finalmente otorgan no solo grandes satisfacciones a la organización, sino a todo el personal, porque de sus acciones dependerá también su propias mejora personal y profesional que les facilitará la vida en sus puestos de trabajo y les permitirá tener un horizonte despejado en cuanto al futuro.

---

34   Los líderes efectivos que además se consideran excepcionalmente productivos jamás subestiman el valor de los libros, informes, estudios, etc. porque saben que en ellos encontrarán fuentes de inspiración y motivación.

Tienen en cuenta tanto los *feedbacks* negativos como los positivos. Jamás buscan justificarse o argumentar algo cuando saben que no se sostiene. Saben escuchar y evalúan las opiniones con cuidado, especialmente cuando la información sea difícil de aceptar.

Todos los datos y/o información recibida, por más negativa que sea, les ayuda a un nuevo aprendizaje. Saben que siempre tienen que estar aprendiendo y abiertos a nuevas posiciones que es necesario aplicar dentro de la organización.

El ritual del diario: son muchos los líderes destacados que escriben a modo de diario sus experiencias, progresos, preocupaciones, percepciones, etc. La conexión productividad-liderazgo es justamente la clave que relaciona liderazgo efectivo y productividad, el compromiso con el resultado, el logro.

Las personas productivas no son las que trabajan mucho. La productividad no se mide en horas trabajadas, sino en resultados conseguidos. Más horas no es sinónimo de resultados. Efectividad y eficiencia sí lo son. Es decir, realizar las acciones precisas y en la forma precisa.

No es que el líder elimine de raíz la incertidumbre[35], pero sí tiene la capacidad de neutralizarla. Y, con frecuencia, los líderes efectivos aminoran el impacto de situaciones comprometidas, que se caracterizan no solo por la falta de certeza en el presente, sino que anticipan factores a futuro en el corto plazo.

ESCENARIOS EN LOS QUE SE MUEVE UN LÍDER ENERGIZANTE TIPO RED BULL

1. La organización es una familia con futuro y expectativas

Al igual que una familia tiene un futuro y unas expectativas sobre el crecimiento y el desarrollo de sus hijos, el líder efectivo mira a la organización en el horizonte temporal de medio y largo plazo, del mismo modo que a los empleados de todos los niveles de la organización en cuanto a desarrollo personal y profesional. Hablamos de la carrera (escalera de

---

35   La incertidumbre se puede definir como el estado de duda y dificultad para prever un pronóstico futuro. Por ejemplo, expresiones tales como: «existe una gran incertidumbre acerca del rumbo que tomarán las negociaciones tras la reciente decisión del director de abandonar su cargo».

La incertidumbre afecta tanto a la faz operativa como a la de principios y valores, ya que altera de manera sustantiva el proceso de toma de decisiones e implementación de acciones, como el de la creencia en la validez de determinados postulados que hasta el momento formaban parte de la cultura de la organización o, a nivel macro, de las pautas de comportamiento empresarial en función de ciertas reglas económicas que ahora se han visto trastocadas debido al elevado nivel de incertidumbre.

La madurez de la mente también puede medirse por la capacidad de soportar la incertidumbre. En un estudio realizado por *The Center for Creative Leadership*, la incapacidad para manejar el cambio surgió como una de las principales causas del fracaso ejecutivo, seguida por la incapacidad para trabajar bien en un equipo y un déficit en habilidades interpersonales.

la vida)[36] que puedan culminar con éxito en la empresa en la que trabajan o cambiando de trabajo. El desarrollo personal no tiene por qué ser exclusivo de una empresa.

Para ello, el líder energizante tendrá un especial celo en establecer metas y objetivos, teniendo mucho cuidado en la asignación de recursos para poder implementar las acciones que permitan cumplir con aquellos.

Pero toda esta energía encaminada al alto rendimiento de equipos y una mayor productividad organizativa tiene un secreto: el impulso más poderoso parte de compartir, participar y comprometer al personal y los miembros de los diferentes equipos en metas colectivas, retos por las que merece la pena luchar[37], expectativas claras. Sin ocultamientos y sorpresas.

2. Liderazgo participativo

Cada empleado tiene que saber lo que se espera de él. Los objetivos más importantes no tienen que ser demasiado numerosos, pero tienen que estar bien focalizados. Hay que explicar a las personas y a los equipos, con precisión, los tiempos y costes necesarios para alcanzarlos. También en-

---

36   Entre los factores que más influyen a la hora de que se alcance la meta que una persona u organización se hayan fijado están las expectativas creadas y la forma de focalizar el entorno. En el plano personal, se reduce a la particular manera de ver la escalera de la vida. Si cuando estamos ante un gran reto solo somos capaces de ver la distancia que nos separa de conseguirlo, puede que esta se nos antoje tan grande que ni siquiera nos planteemos iniciar el camino.

37   Sustancialmente, uno de las principales preocupaciones del buen líder es influir en la participación de los empleados para lograr los objetivos de la organización. Por tanto, deben prestar atención a cómo las personas y los equipos realizan sus tareas, cuáles son sus comportamientos, buscando la forma más idónea de hacerlos participar en objetivos, procesos y metas.

señarles a cómo mejorar su capacidad para establecer prioridades[38].

Si el líder sabe cómo involucrar a su equipo en el proceso de toma de decisiones, ha ganado mucho terreno en cuanto a incrementar la capacidad que tenga su personal para que se le deleguen más responsabilidades. Esto no implica que a las personas se las exprima al máximo dándoles a su vez un salario menor y poco futuro; o peor aún, obligándolas a aceptar siempre cualquier cometido por miedo a ser despedidas. Este tipo de situaciones son el camino directo al fracaso como proyecto colectivo.

Ninguna empresa cuya filosofía se base en la explotación de sus empleados puede sostenerse en el tiempo. No se puede establecer una meta y los objetivos necesarios a cumplir para cubrirla si no se le explica al personal ni se le involucra.

Trabajar juntos y de manera colaborativa[39] es vital para el éxito de la organización. Y esto debe partir del líder, no de abajo. Hay que involucrar activamente a los miembros del equipo en estas decisiones y en la implementación de las acciones.

---

38   Entre los elementos a considerar para la enseñanza sobre cómo establecer prioridades existe una que es básica: la competitiva. Corresponde a uno de los conceptos más amplios en el mercado actual, como consecuencia de la globalización, el mercado libre, la innovación e introducción de nuevas tecnologías, etc. Estos son algunos de los factores que influyen en la manera en que las organizaciones deben afrontar el reto de ser más competitivas o, al menos,de no perder competitividad para mantenerse en el mercado.

39   La colaboración profesional consiste en que mediante la aportación de esfuerzos, responsabilidades y conocimientos comunes al resto de miembros de un equipo u otros compañeros de la organización, se cumpla con los planes previstos, se alcancen objetivos comunes y se logren las metas fijada por la dirección.
Cuando una empresa adopta este tipo de dinámicas de trabajo, pondrá en práctica y facilitará una serie de procesos o procedimientos internos que regulen el funcionamiento de sus equipos de trabajo, los objetivos de sus proyectos, etc. Normalmente a estos procesos se les suele dar soporte mediante herramientas en línea que faciliten la interacción entre los miembros de un equipo, su participación, y además sirvan para realizar el seguimiento de tareas y facilitar el reporte de resultados.

3. Interactuar positivamente con los miembros de su equipo

Numerosos estudios apuntan al hecho de que la relación más importante para los empleados es la que tienen con su jefe inmediato o supervisor. De una reciente encuesta internacional de Gallup[40] hecha a más de cuatro millones de trabajadores surgía claramente que la razón por la cual las personas dejaban sus trabajos era porque no se sentían ni valoradas ni reconocidas.

El reconocimiento y la valoración que se haga tanto a nivel individual como de equipo es esencial para mantener niveles de motivación que permitan entonces que se puedan exigir más responsabilidades en un momento determinado. Por ejemplo, es el caso de un equipo que requiere más dedicación de sus miembros durante seis meses para un proyecto que abre nuevas posibilidades a la empresa para poder entrar en un nuevo sector de actividad (política de diversificación de productos y mercados).

Debido a la importancia del papel que desempeñan los líderes en la vida de las personas, ya sea en el trabajo como en su vida personal —casi todas las decisiones que se toman les afectarán personalmente—, la comunicación transparente y las relaciones interpersonales activas con alguna persona en particular y con todos los miembros de manera habitual son la forma de establecer lazos de confianza. Esta es la materia prima que cohesiona a los equipos y facilita el que esas interacciones personales y de grupo sean positivas.

---

40   Gallup es la organización líder en el mundo en realización de estudios e investigaciones mediante diferentes instrumentos, tales como entrevistas, encuestas, barómetros, tracks de consumo, etc.
El estudio exhaustivo de Gallup sobre personas en más de 150 países reveló cinco elementos universales e interconectados que dan forma a nuestras vidas: bienestar de la carrera, bienestar social, bienestar financiero, bienestar físico y bienestar comunitario.

Eliminar todo vestigio de energía negativa es papel de un líder tipo Red Bull. Hay que eliminar primero energías negativas[41] para energizar, o sea, que las personas perciban que realmente están recibiendo ese empuje de energía que el líder les facilita.

4. La energía no se pierde, sino que se transforma

Al igual que la física enseña que ninguna fuente de energía se pierde sino que se transforma en otra, las personas pueden experimentar cambios por la propia energía que se auto-generan.

Esta auto-generación[42] es estimulada con cada actitud positiva y/o pensamiento creativo que se tenga, por lo que toda la energía creada no consumida[43] y transmitida al resto

---

41 La energía es en sí misma creadora y puede manifestarse de muchas formas en nuestra vida. Con frecuencia, nuestros pensamientos afloran con mayor serenidad cuando nuestras emociones se están moviendo de manera positiva, ya que la energía emocional alimenta los pensamientos positivos, y el positivismo en la actitud mental y reflexiva favorece la creatividad. De igual manera, se puede utilizar esta energía para neutralizar aquello que nos molesta o por lo que nos sentimos atacados.

42 Auto-generación de energía.— Debemos aprender a gestionar bien nuestra energía personal. Un elemento que contribuye decididamente a generar nuestra energía es la buena gestión del tiempo que hagamos, que es el proceso de planificar y ejercer un control consciente sobre la cantidad de tiempo que dedicamos a actividades específicas, especialmente a aumentar la efectividad y la productividad. La gestión de la energía personal comienza con los aspectos físicos de optimizar nuestros esfuerzos, dedicación, concentración, etc., sumados a la de los componentes intelectual y emocional.

43 Energía creada, no consumida.— Toda vez que una persona controla sus esfuerzos físicos y mentales en las acciones que está realizando, está regulando su energía vital a fin de no quedar extenuado. El símil perfecto es el atleta de fondo, que ante una prueba, por ejemplo, de 10.000 metros tiene que ir administrando su fuerza física para reservarse para el *sprint* final en los últimos 200 metros.
Al igual que el atleta que mantiene un ritmo de respiración mecánico y muy controlado, cualquier persona en una tarea tiene que tener una actitud media

de las personas con las que se comparte equipo, multiplica el proceso energizante para todo el grupo. El líder se preocupará de que algunos de los canales habituales de energización sean la formación y la capacitación.

El líder energizante puede hacer subir el rendimiento de los equipos, creando primero la energía en sí mismo, para luego compartirla con el resto de personas. Así de simple.

Siempre hay señales claras en todas las organizaciones, cuando por ejemplo alguien no está rindiendo como debiera porque a lo mejor un exceso de trabajo puntual está afectando a su concentración o también puede estar preocupado por otras cuestiones, incluso de índole personal.

Aquí entran la lealtad y el compromiso[44], ya que hay empleados que son más leales a su marca de yogures de lo que son a la empresa en la que trabajan, que en definitiva paga los salarios que les permiten mantener un nivel de vida y prosperidad para su familia.

Lamentablemente es una forma de pensar habitual para los que no asumen un compromiso con la organización, considerando a los compañeros con los que tratan a diario en la empresa más como problemas que como oportunidades.

---

en cuanto a la administración de sus fuerzas físicas y su concentración mental, porque en caso contrario podría serle muy difícil terminar bien su jornada, elevando la probabilidad de cometer errores. Pensemos en un cajero de sucursal bancaria, por ejemplo. Es evidente que cuánto más experiencia se tenga en el puesto de trabajo, más fácil será la administración de la energía. De ahí que no necesitará consumir toda la energía disponible que tiene tanto a nivel físico como mental.

44   La lealtad es una cualidad del ser humano vinculada a la actuación ética. Se corresponde siempre con personas con un profundo sentido del deber y la responsabilidad. Implica la voluntad de entrega y cumplir con la palabra dada.
El compromiso, por su parte, es un vínculo de naturaleza emocional que se manifiesta con una especial identificación entre una persona y la organización, así como con compañeros y la dirección. La lealtad es la principal fuente para poder asumir un compromiso.

Pero el líder energizante debe ejercer una gran influencia en el esfuerzo que los miembros de su equipo pongan sobre la mesa respecto a las tareas y responsabilidades de sus puestos de trabajo. En general, a este tipo de liderazgo Red Bull le preocupa cuál es la actitud de cada miembro de equipo y/o departamento con el resto de compañeros.

La influencia del líder[45] es como la energía que se va desparramando por todos los canales de comunicación. Porque para ser eficaces, en la actualidad los líderes deben ser maestros energizantes. Deben crear entornos de trabajo de *well-being*[46] que faciliten el apoyo colaborativo y que fomenten comportamientos no solo eficaces sino también solidarios. Los resultados se dispararán positivamente para el equipo, las personas y la organización.

---

45   Amy Cuddy, de la Harvard Business School, junto a Matthew Kohut y John Neffinger, de KNP Communications, sugieren que actualmente la ciencia del comportamiento proporciona una respuesta clara en cuanto al grado de influencia del líder. Y un factor vital es que quien ejerza el liderazgo tenga una personalidad que proyecte calidez.
Los autores citan la investigación de Jack Zenger y Joseph Folkman mostrando que los líderes que tienen una baja tasa de simpatía tienen alrededor de una de cada dos mil posibilidades de ser considerados como efectivos. Solo después de haber logrado simpatía, deben centrarse en mostrar competencia, una característica igualmente crítica.
Cuddy y sus coautores demuestran que los líderes que tratan de proyectar inmediatamente una actitud de fuerza corren el riesgo de inculcar un miedo contraproducente en las mismas personas a las que quieren inspirar. Sin una base de confianza, los empleados de una empresa pueden cumplir externamente con los deseos de su líder; pero es mucho menos probable que cumplan en privado, o sea, que adopten los valores, la cultura y la misión de la organización de una manera sincera y duradera.

46   Tom Rath y Jim Harter llevaron a cabo una innovadora investigación que revela cómo las organizaciones pueden ayudar a los empleados a aumentar su bienestar general, desde su satisfacción con sus carreras hasta su seguridad financiera y el nivel de participación de la comunidad. Después de llevar a cabo este extenso estudio, Rath y Harter descubrieron que mucho de lo que creemos que mejorará nuestro bienestar es equivocado o simplemente erróneo.

LAS REGLAS BÁSICAS PARA ENERGIZAR A LAS PERSONAS

Hay tres áreas principales en las que cualquier líder puede tener un tremendo impacto de cara a conseguir lo mejor de su personal: energizar tanto a individuos como a equipos, y por supuesto a las organizaciones.

1. Energizar a las personas

La confianza, el respeto y la consideración que los líderes muestran a los miembros del equipo en sus relaciones interpersonales cada día constituyen el fundamento de una organización con energía. Esta confianza y respeto se reflejan en cada interacción con los empleados.

En una organización multinacional del sector hotelero como Hyatt[47] es costumbre que se reciba la visita de uno de los máximos responsables por sorpresa en los diferentes hoteles. En una ocasión, la persona consultada estaba a cargo del departamento de limpieza y mantenimiento. Sorprendió al directivo por no tener temor alguno en despacharse con toda libertad sobre algunas cuestiones relativas a su trabajo, que creía no se estaba haciendo bien. Afirmaba que las cosas que se estaban haciendo se podían hacer mejor. O sea, tenía

---

47   La estrategia de Hyatt Hotel Corporation, en cuanto a la gestión de Recursos Humanos, se basa en que de la cadena de valor surja con claridad cuáles son los factores prioritarios en la estrategia de la compañía.

Hyatt cree que uno de los elementos sustanciales es mantener al cliente satisfecho cubriendo adecuadamente sus necesidades y demandas.

El compromiso del personal es definido por Hyatt como la experiencia de los empleados a través de su carrera en la empresa. Mientras más satisfechos estén en el lugar de trabajo, más compromiso tendrán con realizar un trabajo eficaz.

La participación de los empleados puede mejorarse cuando la empresa crece aumentando las oportunidades para el desarrollo de los miembros del equipo.

no solo sentido de responsabilidad, sino de incremento potencial de productividad.

En el hotel Mirage en Las Vegas (Nevada), una directiva aplicó una manera novedosa de ganarse la capacidad energética de la gente fortaleciendo las relaciones interpersonales con una pregunta de doble dirección. Una vez al mes le preguntaba a su equipo qué cosas podía hacer ella por ellos en términos de mejora. A continuación, les solicitó que ya que les había escuchado y valorado sus ideas, pensaran qué cosas podrían hacer ellos mejor en favor de ella durante ese mes. Este enfoque construido en base a la energía y la comunicación entre los empleados es una poderosa fuente de generación de nuevas ideas[48] para mejorar la organización.

2. Energizar equipos

Las organizaciones necesitan que sus equipos estén integrados por los miembros adecuados. Cuando el liderazgo es flojo y prevalece la autoridad jerárquica, los equipos tienen pocas oportunidades de actuar con autonomía e independencia. Los líderes altamente efectivos reconocen la necesidad de capacitar a los equipos para que actúen de forma independiente en la gestión y en decidir qué hay que hacer y cómo hacerlo.

Utilizar el *empowerment*[49] (empoderamiento) no es ni más ni menos que una manera de energizar a todos los

---

48   Si el líder y/o el empresario quieren ser más exitosos, deberían incorporar una dosis importante de creatividad en todas las acciones que emprendan.

La creatividad se tiene no solo como parte de la capacidad innata de una persona, sino que se pueden lograr grandes mejoras a través de entrenamientos como la meditación y la reflexión.

49   Como todos procesos innovadores del *management*, el *empowerment* (empoderamiento) surge como consecuencia de la creciente compe-

miembros, otorgándoles la autonomía de decisión que requieren las circunstancias. Se es más efectivo cuando el personal que tiene trato diario con clientes es el que asume la responsabilidad de otorgar ciertos beneficios y/o atenciones a los clientes, sea desde el punto de vista estrictamente financiero o incluso concediéndoles algún privilegio, porque no solo se está fidelizando a ese cliente, sino que es la puerta abierta a nuevas operaciones.

Las grandes cadenas de juguetería que a su vez tienen establecimientos repartidos en varios países cuentan con la opinión de sus jefes de sala (exposición y ventas) como si fuera una especie de norma a la cual se aferra la Dirección. Una organización juguetera mayorista norteamericana[50] con intereses en varios estados tuvo que quitar las ataduras directivas en cuanto a los comportamientos con los clientes (capacidad decisoria) porque les hacían perder una gran cantidad de ventas.

Un nuevo director otorgó autonomía a las diferentes delegaciones y multiplicó su rendimiento un 25%. Existe una norma no escrita en *management*: cuantos más niveles de

---

tencia, en combinación con las demandas y exigencias del consumidor en cuanto a calidad, flexibilidad, rapidez, funcionalidad y bajos costes. Todos estos factores han puesto en un estado de revolución no solo a las organizaciones, sino también a las personas implicadas.

Se trata de una nueva forma de administrar la empresa, donde se integran todos los recursos: capital, manufactura, producción, ventas, mercadotecnia, tecnología, equipo y personal, haciendo uso de una comunicación efectiva y eficiente para lograr los objetivos de la organización.

Gracias al *empowerment* se alcanzan los beneficios óptimos de la tecnología de la información. Los miembros, los equipos de trabajo y la organización tendrán completo acceso y uso de la información crítica, poseerán la tecnología e intercambiarán habilidades, responsabilidad y autoridad, de manera tal de que puedan utilizar la información más eficientemente para conducir con éxito los negocios de la organización.

50   La Compañía J. C. Penney es una organización con 1.014 filiales en 49 estados de los Estados Unidos, dedicada a la venta de productos de consumo convencional, además de jugueterías, centros ópticos, joyas, etc.

supervisión y medidas regulatorias hay, menor productividad existe en conjunto para la empresa.

Dicho en otros términos: un liderazgo energizante no es que no se avenga a las normas; por el contrario, será escrupuloso, pero siempre y cuando las normas sean justas, equitativas y oportunas. El exceso normativo inhibe la generación de energía y desmotiva al personal... ¡Son vampiros que chupan la energía de la empresa!

3. Energizar la organización

Las organizaciones de tipo autoritario y jerárquico, por deficiencias habituales en el liderazgo, facilitan la creación de un entorno que erosiona la confianza y la autoestima. Este proceso siempre termina siendo una fuente de generación de energía negativa para la gente.

Por oposición, en las organizaciones de tipo flexible[51], en las que el liderazgo es fuerte, su líder energizante busca de

---

51   Las pequeñas empresas hoy deben ser flexibles o corren el riesgo de fracasar. Los rápidos cambios tecnológicos y económicos hacen que las organizaciones flexibles disfruten de una ventaja sobre las empresas que están atrapadas en sus métodos convencionales más rígidos.

Promover la flexibilidad es una manera de alentar la fuerza de trabajo operativa para encontrar nuevas y mejores formas de hacer negocios, además de demostrar que se ejerce un liderazgo que no le teme a la toma de decisiones trascendentes; como por ejemplo, el abandono de ciertas políticas aplicados durante años pero que resultaron ser ineficaces.

La flexibilidad condiciona de manera directa el nivel de competitividad de una empresa. Una organización rígida y mecanicista no puede adaptarse con rapidez a los procesos de cambio, por lo que surgen dudas de cómo actuar frente a los nuevos retos.

Cuando aparecen desafíos a los que tienen que enfrentarse las organizaciones, por ejemplo, los avances tecnológicos que a menudo alteran las reglas del juego del mercado, empresas que eran competitivas corren el riesgo de ser expulsadas del mercado por falta de adaptación al cambio.

Esto lo explica con claridad Richard L. Daft, que es el Brownlee O. Currey, Jr. Professor of Management en la Owen Graduate School of Management de la Vanderbilt University de Nashville (Tennessee) especializado en el estudio del liderazgo y Teoría de las Organizaciones, en su libro *Organization* manera constante romper las murallas de la rigidez y cualquier forma que exista de entorpecer y coartar la autonomía y la capacidad decisoria, especialmente en los equipos que se supone que tienen importantes responsabilidades con el exterior de la organización. Esas personas y equipos están representando el espíritu y la cultura de la empresa a cada instante y en cada acción que lleven a cabo.

ERRORES QUE LE PUEDEN PESAR A TODO LÍDER

Incluso los grandes líderes tienen que lograr un equilibrio entre sus debilidades y fortalezas[52]. Pero la mayoría de las personas pueden quedarse a medias en su pretensión de ser

---

Theory and Design en el que explica cuáles son los retos a los que deben enfrentarse los líderes de hoy y mañana.

De ahí que el liderazgo efectivo tenga que hacer un esfuerzo por identificar maneras de incorporar la nueva tecnología en sus viejos procesos. Una organización flexible responde al cambio creciendo, reconociendo el cambio como inevitable y aprendiendo a usarlo para maximizar la competitividad.

52   Entre los argumentos sólidos que sostienen los puntos fuertes en los ámbitos laborales, tenemos, por ejemplo:
- Finalizar tareas una vez iniciadas, no dejándolas a medias
- Encontrar maneras de estandarizar el trabajo operativo para hacerlo más eficaz
- Buena predisposición para las críticas
- Estar abierto a la colaboración y a cuando un compañero de equipo solicita ayuda
- Confiar en el líder y transmitir esa confianza a los demás miembros del equipo
- Adaptabilidad para aprender cosas nuevas rápidamente

Entre los argumentos que sostienen los puntos débiles, tenemos, por ejemplo:
- No estar preparado suficientemente para asumir un mínimo de riesgos que se suponen deben asumirse
- Solucionar cualquier problema con urgencia pero no resolviendo la problemática de fondo, que es ver por qué se produjo y como evitar que vuelva a suceder
- Falta de confianza en el líder y en el equipo
- Reticencias a la hora del entrenamiento y la capacitación

líderes efectivos y energizantes, por tanto, no pasando de ser líderes pobres o de bajo perfil, si caen presa de las flaquezas. Esto no ocurre con el líder Red Bull.

1. Cuidado que los demás 'desconectan'

Una regla básica del buen líder es ser la persona que da ejemplo. Siempre hay que ser un referente y ejemplificar con acciones, más que con palabras. Huya de los jefes a los que les gusta escucharse a sí mismos[53]. Las personas de su entorno (aunque ellos no se percaten de ello) desconectan (pasan de ellos) porque empiezan a generar desconfianza y falta de solidaridad. Todo comienza con su actitud frente a la vida y los demás. La verborrea autocomplaciente mata el liderazgo.

2. No tener una visión fuerte

Si el líder no tiene una visión que pueda entender y comprender antes que nadie para explicársela a los demás, no podrá impartir un sentido de propósito[54] y dirección a su equipo (personas de su núcleo duro y las que no están tan próximas).

---

53   La empatía permite detectar necesidades y sentimientos ajenos; pero puede llevar a hacer una lectura de la mente de otras personas de manera equivocada. Una cosa es facilitar la buena relación interpersonal y otra muy distinta hacer interpretaciones erróneas o proyecciones de temas propios.

Permite ofrecer ayuda y apoyo en momentos difíciles. Desde la humildad, puede ayudarnos a dar un consejo puntual acertado que lleve a una solución o comprensión deseada.

El egocentrismo facilita el detectar necesidades y sentimientos propios, pero puede hacer que nos obcequemos con ellos, sin reparar en los demás. Permite que cada uno se ocupe de lo suyo sin entrometerse en el destino de otras personas, pero también puede hacerse ciego al dolor ajeno.

Puede promover una sana autoestima, aunque no dar importancia ni dar valor a lo que sienten, hacen o viven los demás.

54   Un propósito es la intención o el ánimo por el que se realiza o se deja

Pero cuando el líder Red Bull tiene clara esa visión y es capaz de transmitirla al personal, se produce un contagio positivo a la organización en su conjunto, porque serán otras personas y equipos los que comenten y en todo caso expliquen la visión y las acciones que van a implementarse.

3. No formar al personal en las habilidades necesarias

Es muy bueno ser inteligente, pero no tanto sentirse superior a los demás. Hay que ser honesto intelectualmente y con mente abierta a todas las personas sin hacer discriminación alguna.

Si un líder no puede tener relaciones interpersonales y controlar sus emociones, siempre sembrará desconfianza en los demás. No tanto en sus dotes y habilidades técnicas como en la percepción que provoca en las personas[55], que les

---

de realizar una acción. Se trata del objetivo que se pretende alcanzar, la finalidad, la meta de una acción o de un objetivo.

El término se puede ampliar también con la expresión «propósito de enmienda», que indica la intención y decisión voluntaria de corregir un error o un defecto de la persona. En este sentido, se asocia a la ética y a la moral como forma de mejorar, así como de promover el desarrollo personal.

Al hablar de «propósito de vida» se hace referencia al sentido que una persona le puede dar a su vida. Responde a preguntas existenciales como «por qué» y «para qué». Está relacionado con la necesidad del ser humano de encontrar un significado y una finalidad a su propia existencia. De esta forma se reflexiona sobre qué sentido tiene la vida para una persona y cuál puede ser su objetivo vital.

55   Mucho se ha investigado en el ámbito de la psicología clínica en materia de percepción. Las líneas maestras principales de investigación han sido hasta ahora:
- Formación de impresiones
- Teorías implícitas de la personalidad
- Factores que influyen en la percepción de personas
- Percepción e interacción
- Principales procesos y fenómenos de la cognición social:
    - Reconocimiento de emociones: diagnóstico acerca del estado de ánimo a partir de la observación del rostro y de otras señales no

hará confiar menos en su personalidad como líder que en su
gestión. Todos recordamos a ese jefe que tiene aburrido al
personal con una serie de promesas históricamente incumplidas, que siempre echa la culpa a factores externos o a
otras personas con poder dentro de la organización.

4. No comunicar

Si el líder no dice claramente lo que necesita de cada persona y el por qué, esto será razón para que nunca obtenga los
resultados que desea. La comunicación no solo es lo que nos
facilita que un mensaje llegue a quien se supone que debe
ejecutarlo. Es mucho más que eso. La comunicación es el aspecto básico de las relaciones humanas, que puede generar
tanto odios como afectos. De cómo se comunique y qué se
comunique puede depender el éxito en la dirección de la empresa. El papel del líder efectivo es clave.

5. No delegar en la medida justa

Si ejercer el liderazgo se interpreta por algunos líderes como
intentar hacerlo todo ellos mismos, se crean problemas de
cuello de botella, no solo porque se atrasa una tarea sino
porque se dilata más de lo necesario una decisión. Y esto es
peligroso para la organización y para un liderazgo efectivo

---

      verbales.
- Formación de una impresión a partir de los elementos informativos, forma de hablar, atractivo
- Atribuciones causales: buscar alguna causa para explicar la conducta de la persona, sean inestables en función del entorno, o estables, que siempre se comporta igual
- Causas externas al propio individuo o internas
- Sentimientos, pensamientos y conductas respecto a la persona mediatizados por el tipo de causa a que atribuyamos su conducta

porque implica la falta de reacción a tiempo frente a los imprevistos, porque una decisión que no se toma es la peor decisión posible.

Tendrán ventaja aquellos líderes que hagan prevalecer la acción sobre los líderes excesivamente planificadores[56], o sea, más próximos a la gestión. Y esta es una gran diferencia.

Si no se delega, o se hace de manera inoportuna o también mal, se genera el caos, que es el camino directo a la pérdida de oportunidades en un mercado que es una especie de tómbola en el que si no se tiene número (porque se llega tarde) se pierde (competitividad por pérdida de productividad).

APRENDER DE LOS ERRORES

1. Aprender de los errores

Si no se puede aprender de los errores se está destinado a cometer los mismos una y otra vez. La energía en el liderazgo no exime del sentimiento de responsabilidad, a veces de culpa, por algo que ha salido mal; lo que sí garantiza es que se pondrán todos los recursos necesarios humanos y materiales para volver a realizar lo que no ha salido como se esperaba.

---

56   La planificación de la acción puede parecer detallada y tediosa comparada con las fases anteriores de la planificación estratégica que a menudo parecen creativas.

Por lo tanto, la planificación de la acción es ignorada con demasiada frecuencia, dejando los resultados de las primeras etapas de la planificación en declaraciones de intenciones sin fundamento en las realidades cotidianas a las que debe enfrentarse la organización. Las etapas significativas de la planificación anterior se vuelven completamente inútiles.

El compromiso de la organización con la planificación estratégica es proporcional en la medida en que la organización complete planes de acción para alcanzar cada objetivo estratégico e incluya numerosos métodos para verificar y evaluar el alcance real de la implementación del plan de acción.

2. No fomentar la inteligencia emocional

La capacidad de empatía con los demás pasa por comprender a las personas[57] y una comunicación interna fluida y transparente para que las relaciones interpersonales no sufran y se extienda un clima laboral ideal para el trabajo, libre de tensiones y estrés.

3. No potenciar el desarrollo de las personas

Si las personas no tienen oportunidades de aprender porque el aprendizaje no es prioritario en la organización, su líder efectivo debe convencer a la Dirección de la necesidad de que el personal tenga la oportunidad de aprender y crecer, explicando que es una inversión y no un gasto. Formar y desarrollar personas es un factor energizante organizativo de un gran poder.

4. Mantener encendida la pasión

Los miembros de cualquier equipo de trabajo perciben, a pesar de que él pueda no darse cuenta, que por diferentes motivos el líder ya no es la misma persona. Cuando esa per-

---

57 Un aspecto crucial del liderazgo es cómo entender y ser más tolerantes con las personas. Ser más tolerantes requiere de una mente abierta y de ponerse en el lugar del otro. Implica aceptar ideas u opiniones contrarias sin necesidad de discutir para lograr un acuerdo o imponer la visión propia.

Es importante evitar juzgar a los demás, aunque sabemos que es sumamente difícil. Por alguna razón siempre nos creemos con el derecho de decir cómo es la mejor forma de actuar. También tenemos tendencia a condenar a una persona sin realmente saber las condiciones que la llevaron a cometer un error o actuar de determinada manera.

Una forma fácil de ponernos en el lugar del otro y evitar juzgar es tratar de comprender cuáles fueron las situaciones y circunstancias que lo llevaron hasta ese punto.

cepción aflora es que el líder ha perdido esa pasión[58] que transmitía a los demás, que ha dejado caer su visión a una especie de pozo, como si la hubiera perdido.

Las consecuencias serán claras: las personas harán lo que se les pida porque lo único que les interesa será el sueldo, mantener su puesto de trabajo. Pero los más capacitados y con mayor talento ya estarán dándole vueltas en la cabeza a un cambio de trabajo que les ofrezca mejores perspectivas de desarrollo, porque se han encontrado con un bache en la capacidad del líder, y por ende de la organización en su conjunto. La preocupación por retener el talento ya no será una prioridad.

5. Meter el polvo bajo la alfombra

Las virtudes nos impulsan en la vida, aunque los defectos que tengamos serán los que nos demoren. Lo que sí es cierto es que no hay nada peor que esconder o incluso defraudar a las personas, ocultando cosas que es mejor que salgan a la luz.

Por tanto, el liderazgo tipo Red Bull debe ser transparente como los rayos del sol al entrar en una habitación por la mañana.

---

58   Cuando se pierde la pasión por el trabajo, esto puede hacer que nuestras tareas y responsabilidades se conviertan en una obligación pesada.

También nos afecta mentalmente pudiendo tener consecuencias serias en la carrera profesional. La falta de pasión por lo que una persona está haciendo incluso puede llegar a afectar negativamente a la salud y hacer que levantarse por las mañanas para ir a trabajar sea un esfuerzo cada vez más difícil. Detectar a tiempo la falta de pasión en el trabajo es clave para recuperar la motivación.

CAPÍTULO 9
¿QUÉ TIPO DE LÍDER DEBO SER YO?

«RISK TAKING», ¿EVITAR EL RIESGO O ASUMIRLO?

¡El mundo no es para los cobardes! ¡Hay que tomar riesgos! Ya saben lo que dice el sabio refranero popular, que «el que no se moja el culo, no cruza el charco». Eso es, ¡hay que arremangarse y asumir riegos! Pero, ¿dónde está la delgada línea roja entre ser osado o temerario, atreverse o estar loco, ser valiente o inconsciente?

En el mundo del emprendimiento empresarial, social o militar, solo cabe tener presente la apelación de Mahatma Gandhi: «*Los cobardes mueren muchas veces antes de morir*». En fin, está claro que la única opción es asumir riesgos.

Es muy amplio y diverso el alcance que el término riesgo tiene, aunque solo lo intentemos comprender en el marco de la Teoría de las Organizaciones. Por ejemplo, puede que le resulte familiar algún pensamiento como el que sigue: «*Si se quiere algo que nunca se ha tenido, entonces se tendrá que hacer algo que nunca antes se había hecho*». En cierto sentido es dar un salto en el vacío para hacer realidad los sueños no realizados, o al menos intentarlo.

Cuando pensamos en el riesgo aplicado a la actividad de gestión de empresa se nos va la mirada forzosamente a esos dos mundos que han explosionado en las últimas décadas y que habitualmente se hibridan: los emprendedores y las *startups*. Un mundo de héroes con ambiciones globales, mundiales, cortoplacistas y a menudo filantrópicas, con el deseo de cambiar el mundo, mejorar la calidad de vida o aportar soluciones solidarias.

En el joven mundo *startup* hay algunas lecciones que anotar. Busquemos testimonios como el de Nader Mikhail[59], fundador y CEO de Elementum. Es de esa generación de emprendedores que piensan que los empresarios y los líderes más exitosos combinan un impulso implacable para ganar con una profunda humildad personal. Esto no es fácil y requiere que se articule claramente una visión orientadora de él como líder empresarial, pero que además sea compartida por el personal, los equipos e incluso los clientes. Pero lo importante es que cuando llegan los momentos en que las cosas se ponen difíciles se sigue compartiendo dicha visión.

En una ocasión un empresario de éxito compartía descanso y café con un amigo que había ido a visitarle y ante la pregunta de cómo estaba llevando la crisis (en pleno cénit de la misma en 2009) su respuesta fue contundente: «*El carácter de una compañía se define durante este tipo de transiciones muy dolorosas, porque debe explicitar claramente cuál es su visión y ejecutar en base a esta las acciones con los clientes*».

Nader Mikhail afirma estar definitivamente muy orgulloso del «ligero, seguro y pionero» ambiente de trabajo que se ha creado en Elementum. Su filosofía empresarial y la visión que transmite a todos los cuadros es que la cultura de una compañía es la ventaja competitiva sostenible más

---

59   Ya en la escuela secundaria creó cinco *startups* diferentes, una de los cuales vendió más tarde cuando tenía 21 años. Asistió a la Stanford Business School, pasando luego por la consultora McKinsey formando parte del equipo de *cloud computing*.
Pero incluso después de todos esos años llevando a cabo una puesta en marcha y analizando algunas de las compañías más grandes del mundo, Mikhail encontró una enorme área que era casi imposible de manejar de manera eficiente: la gestión de la cadena de suministro. De ahí creó Elementum.

importante, y desde los primeros días Elementum se ha focalizado en eliminar los obstáculos que impedían la colaboración y la iniciativa del personal.

Mikhail es de las personas que ante la pregunta: ¿qué es lo que harías en la vida para remediar los errores?, responde con rotundidad: ¡nada! Porque cree que la vida es muy corta, no hay tiempo que perder ni para lamentarse o arrepentirse. Compartimos su visión de que hay que comprender el alcance real de aquellas acciones en las que se falla, porque hay mucho que aprender de ellas. Si no se aprende no se crece como persona y como organización. Mikhail lo describe gráficamente como si fuera un partido de tenis: «*En la línea entenderás cómo cada revés es realmente una plataforma de lanzamiento. Y si puedes confiar en eso, te ahorrarás muchas dudas innecesarias en el camino*».

Pero el planteamiento más interesante de este destacado emprendedor es su posición respecto a la industria en general, porque cree que aún hoy siguen existiendo enormes obstáculos psicológicos y organizativos que superar. ¿Cuál es la razón de ello? Que la industria está acostumbrada a trabajar de una manera muy particular, con supuestos equivocados en cuanto a que creen que controlan completamente sus cadenas de suministro. En particular lo que se considera incentivos inversos, porque castigan en vez de recompensar el intercambio de información.

Mikhail se percató desde el inicio de que para resolver este problema en una empresa concreta primero había que buscar una solución para todas las organizaciones. El enfoque tradicional de las empresas tecnológicas de trabajar de dentro hacia afuera era contraproducente e ignoraba la realidad de que la cadena de suministro siempre ha sido fundamentalmente un problema multiempresa y multisectorial.

Así que, impulsado por la determinación de resolver este desafío masivo, decidió crear una empresa que eliminara tanto los sistemas de *software* silenciados como las estructuras organizativas unidas que impedían que la cadena de suministro aprovechara las ventajas de las tecnologías modernas. Una compañía que ayudaría a los elementos de la economía global del producto a moverse con un impulso sin fricción.

Nader Mikhail introdujo algunas perlas en cuanto a las trabas que los profesionales se encuentran a la hora de encaminar sus carreras en las empresas. Su tesis se fundamenta en que el entrar a formar parte de la fuerza de trabajo, el contar con una estructura existente —objetivos y metas— condiciona el camino de progresión.

¿Y las aspiraciones personales pueden casar con este camino ya prefijado? No, porque las progresiones no son lineales ni están diseñadas para nuevas funciones, necesidades y responsabilidades.

Esto llevó, tanto a Mikhail como a otros autores, a aconsejar que lo que cada persona debe hacer es establecer un equilibrio entre sus ambiciones y objetivos personales y las circunstancias que está viviendo en la organización, además de tener en cuenta cuál es el futuro y crecimiento de su empresa.

Por tanto, creemos que cuando una persona abraza una misión con toda humildad y dedicación, su nivel de responsabilidad la colocará en una posición en la que nadie puede ser capaz de estimar las cosas que realmente pueda lograr. Puede que ese esfuerzo tenga que hacerse incluso con gran sacrificio, pero es la única manera de que esa carrera, adecuándose a las circunstancias del medio, empresa y relaciones interpersonales, le permita llegar a cubrir los fines porque se han convertido en posibles.

Veamos otro caso. Nos resulta de interés el pensamiento de Purva Gupta[60], fundadora de Lilyapp, una aplicación es-

____

60   Co-fundadora de Lilyapp, empresa dedicada a la moda y potenciada (como ella lo define) mediante la inteligencia emocional, localizada en la Ba-

pecializada en el mundo de la moda. Gupta reflexiona sobre qué es el espíritu empresarial y qué características subyacentes ve en los empresarios exitosos. No defrauda una vez más la mentalidad emprendedora y de líderes de *startups* al pensar que la actividad empresarial es el medio más poderoso para crear el cambio que el mundo necesita. Aunque ni ella ni los líderes de su categoría son ingenuos, ya que saben que es complicado llevarlo a cabo y que hay resistencia para introducir cambios. El combustible que nutre estos procesos es la creencia inquebrantable del emprendedor en su visión, el trabajo duro constante y casi una forma de desprecio sano por lo imposible, que no significa que sea una actitud temeraria.

Cuando a Gupta le preguntan qué es lo que la impulsa en su actividad empresarial, muestra una actitud típica de los emprendedores exitosos. Se pone al otro lado del mostrador virtual y afirma que le preocupan todas aquellas mujeres que esperan ansiosas sus productos, por lo que ella actúa en respuesta a lo que su clientela desea.

Un tercer testimonio nos lo da Alaina Percival, CEO de Women Who Code, una ONG de ámbito global que trabaja para apoyar e influir en las mujeres para que destaquen en carreras tecnológicas[61]. Bajo su liderazgo, esta organización ha crecido y da servicio a más de 50.000 mujeres en veinte países y sesenta ciudades del mundo.

---

hía de San Francisco, Estados Unidos.

61   El objetivo es apoyar a esta generación de mujeres para convertirlas en líderes y modelos a seguir en la industria de la tecnología.

El desarrollo de *software* es uno de los sectores de empleo de más rápido crecimiento en la economía mundial y se prevé que crezca un 23%. Estas carreras están muy bien pagadas, con una renta media un 42% más alta que otros trabajos. De ahí que WWCode importe tanto a las mujeres como al propio sector de alta tecnología.

Sostiene que los equipos diversos (de hombres y mujeres) tienen un desempeño mejor al aumentar la inteligencia colectiva, y las empresas con la mayor representación del liderazgo femenino han obtenido un ROI un 34% mayor que aquellas con pocas o ninguna mujer en sus filas.

Siguiendo en la línea de sus homólogos ya referidos, Percival afirma que «el núcleo de ser un líder empresarial es la responsabilidad». Porque esta se tiene con los clientes, el personal y los equipos de la empresa, así como con los donantes de todos los países. Cree que es un rol que requiere apoyar y confiar en las personas que están en los diferentes puestos de trabajo, para que junto a ellos se logre que todas las personas que estén vinculadas a la organización tengan el mayor éxito posible.

El desarrollo de toda actividad empresarial implica asumir riesgos a todos: directivos, mandos intermedios, personal de base e incluso líderes muy destacados. También es lógico que sean invadidos por ciertos miedos, dudas e incertidumbres sobre cómo habrá que abordar determinadas situaciones para mantener el ritmo de crecimiento de la empresa o conservar la cuota de mercado que hasta ahora se controla.

Es evidente que en el personal pueden aflorar de vez en cuando estos temores, porque del éxito de su organización depende el suyo propio. Pero ya no son tan frecuentes en las tipologías de personalidad de los directivos y líderes que están acostumbrados a afrontar riesgos. Es más, la respuesta de empresarios destacados y de directivos de organizaciones líderes es casi unánime, y afirman que saben cómo empieza cada día pero no cómo terminará la jornada, justamente por lo apasionante que consideran cada día en la vida empresarial.

Aunque esta respuesta encierra una trampa intelectual: todos ellos tienen un perfecto conocimiento del mercado y están muy preparados psicológica y técnicamente para asumir riesgos que tienen bien controlados. Lo que la respuesta general nos indica es su capacidad de emprendimiento ante cualquier circunstancia, lo que hace que algunos días surjan dudas sobre las decisiones que hay que tomar, aunque las tienen descontadas de antemano como parte de su profesión.

La cuestión a resolver en su caso, y para cualquier persona que tenga un puesto de responsabilidad, es qué cantidad de riesgo[62] se está dispuesto a poner sobre la balanza (equilibrio entre coste insumido y beneficio resultante) para impulsar algún tipo de mejora; por ejemplo, en la incorporación de un nuevo alto cargo directivo o en la adquisición de nuevos procedimientos administrativos derivados de la instalación de un nuevo paquete informático.

Las personas quieren mantener una estabilidad; por tanto, observarán cuáles son los problemas y/o retos a los que tienen que enfrentarse. En el plano personal puede ser tan simple como mantenerse en el trabajo o buscar una mejora cambiando de empresa, o en un plano más íntimo, hacer todos los esfuerzos por disminuir los conflictos con los hijos adolescentes.

El *risk taking*, desde el punto de vista clínico, se refiere a la tendencia a asumir determinados comportamientos que puedan ser dañinos y/o peligrosos para la salud, aunque al mismo tiempo pueda proveernos la oportunidad de contar con algún elemento positivo, como saber gestionar nuestros impulsos (características de nuestra conducta), lo que dismi-

---

62 El riesgo puede convertirse al mismo tiempo en un gran «motivador». Todd Dewett es un formador y conferenciante de reconocido prestigio en materia de liderazgo, que en el documento «*Linking intrinsic motivation, risk taking, and employee creativity in an R&D environment*» (*Vinculación de la motivación intrínseca, la asunción de riesgos y la creatividad de los empleados en un entorno de I + D*) del Department of Management, Wright State University, Dayton, Ohio, (2007) analiza aspectos sobre la motivación. Afirma que «se cree que la motivación intrínseca estimula la asunción de riesgos y la creatividad».
El estudio adopta un nivel individual de análisis y trata de vincular varios antecedentes de creatividad, motivación intrínseca y la voluntad de asumir riesgos por parte de los empleados, utilizando datos de encuestas recopilados de 165 estudios sobre el desarrollo personal y la relación con los supervisores.

nuye esa capacidad de negatividad (o de daño) que una persona pueda hacerse o infligir a otras con su comportamiento.

En el plano organizacional hay preguntas que muchos emprendedores se querrán hacer. Especialmente hay una serie de reflexiones inherentes al riesgo que están dispuestos a asumir.

¿Es que el riesgo como concepto es más propio de los emprendedores y de las *startups* que del resto de personas y organizaciones? ¡Pues claro que no! El riesgo forma parte de la propia esencia de la acción humana y su entorno. La cuestión es en qué grado puede gestionarse (si cabe la expresión) un cierto nivel de riesgo que entre en la categoría de razonable en oposición al riesgo extremo que toman algunos temerarios, sean aventureros que se adentran en el Polo Norte u otras empresas más mercantiles, para las cuales el valor que se le atribuye al alto grado de riesgo asumido se justifica por un necesario interés científico.

En la operativa diaria que llevan a cabo empresas y personas existen diferentes tipos de riesgos que deben asumirse. Cómo nos enfrentemos a ellos determinará la medida de nuestros éxitos y fracasos.

Cualquier acción implica asumir un riesgo

El riesgo es la antítesis de la comodidad y la estabilidad que nos brinda la zona de confort en la cual a todos nos gusta estar, notando una vez más cuánto nos cuesta salir de ella. Pero el riesgo puede convertirse al mismo tiempo en un gran motivador o, por el contrario, en un fantasma que inhibe la capacidad que muchas personas tienen para asumirlo porque los miedos pueden ser muy poderosos. Ahí subyace la diferencia entre «jefear» y liderar, ser gestor o emprendedor.

¿Cómo actuar cuando una persona se siente insegura? Puede elegir dos caminos: estudiar la situación buscando los factores que cree podrá controlar y tomando debida nota de aquellos que son variables incontrolables, o bien pensar menos y buscar la inspiración para hacer lo que está destinado a hacer. ¿Es que la segunda elección es un acto irracional y temerario? No necesariamente, pero antepone la voluntad a la razón, lo emocional a lo metódico.

Lo que queremos significar es la primera parte de la acción (el momento de la decisión) en la que una persona se pone en marcha porque cree que es el camino que debe tomar y sabe (o intuye) cómo hacerlo. Ha visto la luz que le indica que hay una oportunidad de mercado, o que ese enfoque es el correcto a pesar de que nadie haya incursionado por ese camino. Esta última forma de actuar es típica de los científicos, que oponiéndose a la visión de la mayoría creen tener la llave de la explicación a un determinado fenómeno.

El máximo ejemplo de la oposición de un colectivo científico fue el de los físicos alemanes que se oponían a la visión universalista de Einstein[63] por considerarla opuesta a los fines del régimen nacionalsocialista que tenía otros objetivos. La crítica no doblegó al genio, que asumió un gran riesgo.

Pero también ocurre en el mundo de las ciencias sociales, en las que un cambio en el enfoque —no exento de los riesgos de enfrentarse a la doctrina imperante— es lo que en

---

63   El antisemitismo se desarrolló abiertamente por parte de los poderosos partidos de la derecha y por el emergente partido nazi desde 1919. Los físicos nazis y sus seguidores calificaron violentamente la teoría de la relatividad de Einstein como «física judeo-comunista».

Sus amigos y allegados temieron por su seguridad. La extensión de tal antisemitismo fue una de las razones por las que Einstein, aunque creía en un gobierno global más que en los nacionalismos, dio apoyo público al sionismo. Una de sus declaraciones más contundentes al respecto y que tiene vigencia para cualquier colectivo que en la actualidad sea atacado es: *«En la medida en que una comunidad particular es atacada como tal, está obligada a defenderse como comunidad, de forma que sus miembros individuales puedan ser capaces de mantener tanto sus intereses materiales como espirituales».*

definitiva hace que la ciencia avance. Por aquello que dijo Steve Jobs[64] de que «*las personas que están lo suficientemente locas para pensar que pueden cambiar el mundo son quienes lo cambian*». En algún momento de la vida todos nos enfrentamos a la duda sobre si debemos tomar determinada decisión a pesar del riesgo que conlleva.

Veámoslo desde otro ángulo: cualquier acción en la vida implica asumir un cierto riesgo. Si se tiene éxito en la acción de asumir un riesgo eso nos dará más confianza en nosotros mismos. Cuando el fracaso aflora, es un aprendizaje que forma el carácter de los que a la postre serán líderes exitosos. No existe líder de éxito que no haya conocido el fracaso ni dejado de asumir riesgos.

Reflexiones que hacen sobre el riesgo personalidades de la Historia

T. S. Eliot, en uno de sus más conocidos pensamientos dijo que «*solo aquellos que se arriesgan a ir demasiado lejos pueden saber hasta dónde se puede ir*». El gran poeta y dramaturgo nos viene a dar la medida de cada persona. Formulado de otra manera: cada persona debe conocer sus propios límites.

Peter Drucker afirmaba que: «*Las personas que no asumen riesgos cometen uno o dos errores importantes al año. Las personas que asumen riesgos pueden cometer uno o dos errores importantes al año*». El pragmatismo de

---

64   Padre del primer ordenador personal y fundador de Apple Computer, probablemente la empresa más innovadora del sector, Steve Paul Jobs (1955-2011) fue una de las personalidades más influyentes de la acelerada carrera de innovación tecnológica.

Sus ideas visionarias en el campo de los ordenadores personales, la música digital o la telefonía móvil revolucionaron los mercados y los hábitos de centenares de millones de personas en todo el mundo. Su legado sigue vivo.

Drucker está vivo en toda su filosofía organizacional. Lo que viene a significar es que lo que subyace bajo de nuestras acciones es el cambio. Las organizaciones que no están preparadas porque sus directivos no quieren asumir riesgos, cometerán errores por inacción u omisión; pero aquellos directivos que igualmente elijan asumir determinados riesgos, también cometerán errores.

Drucker explica en este especial galimatías que es preferible esta última opción, pues, al igual que Herbert Simon, su filosofía se fundamenta en que es peor no tomar una decisión que tomar una equivocada, ya que esta puede ser corregida después. O, como le gusta expresar a Salvador Molina: *«La peor decisión es la que no se toma»*. Las cosas pasan con o sin nosotros como protagonistas en la toma de decisión.

«Solo hay una manera de evitar la crítica: no hacer nada, no decir nada, y no ser nada», es pensamiento de Aristóteles. Es evidente que el gran filósofo griego va más allá de la toma de decisiones: cree que una persona que no asume riesgos finalmente deja de ser una persona a la que se respeta porque evita o huye de cualquier cosa que la comprometa. No lo dice expresamente, pero es una forma de cobardía que conforma el carácter opuesto que debe tener quien asume riesgos.

«No puede haber vulnerabilidad sin riesgo. No puede haber comunidad sin vulnerabilidad. No puede haber paz, y en última instancia, no hay vida sin comunidad». Morgan Scott Peck (1936-2005) ha sido un psiquiatra estadounidense muy reputado conocido por su libro *The Road Less Traveled* (*El camino menos elegido*), publicado en 1978. Su reflexión impresiona porque enmarca el riesgo en un entorno mucho mayor: el macro-social. La importancia de asumirlo es determinante para la organización de una sociedad (la comunidad a la que él se refiere) y obviamente deja claro que sin esta no hay paz ni vida. Por tanto, cuan-

do una sociedad está organizada política y jurídicamente, lo que conforma los estados y países, entonces seguirán existiendo riesgos; pero sus líderes políticos y empresariales tendrán la responsabilidad de enseñar a gestionarlos de manera razonable, no a evitarlos.

«Un barco en el puerto es seguro, pero eso no es para lo que se construyen las naves», J. A. Shedd. Como dice este religioso y pensador, así como el barco está hecho para surcar los mares, las personas tienen que navegar en la habitual lucha diaria de sus vidas, no libres de riesgos y miedos. A propósito de esta metáfora, es conveniente recordar que hay muchas maneras de pescar: se puede agotar el recurso por sobreexplotación o se puede explotar de manera sostenible, garantizando la supervivencia y la sustitución natural. Y también hay muchas maneras de gestionar la pesca: se pueden llevar orejeras y seguir las instrucciones y no salir a pescar con temporal, o se puede esperar a que mejoren las condiciones meteorológicas y quedarnos sin nada que pescar.

El ejercicio de toda profesión tiene riesgos. El cirujano que en el quirófano realiza dos o tres operaciones diarias está asumiendo el riesgo mayor que una persona pueda asumir: tener en sus manos la vida de un ser humano. Pero si los cirujanos no hubieran querido asumir riesgo alguno, ni la medicina ni la cirugía habrían avanzado. El progreso y el desarrollo de los países y sociedades necesita de personas (líderes) que asuman riesgos, de profesionales que asuman su parte y la gestionen de manera razonable y responsable. Asumir riesgos no es ser un temerario o un inconsciente, sino tener la responsabilidad de enfrentar el desafío y el cambio.

Desarrollar una autoconfianza al estilo Branson

«Conquistar el miedo es el inicio de la riqueza». Y no son solo palabras. Son hechos en la vida de uno de los emprendedores más exitosos (con también muchos fracasos) de la reciente historia empresarial mundial. Hablamos del británico Richard Branson, el genio que hay detrás de Virgin y de muchas otras empresas en los cinco continentes.

«Una sola cosa es segura en los negocios: que tú y todos a tu alrededor cometerán errores». Así pues, sin miedo al fracaso[65], esa es la actitud del estilo Branson.

Imagine el siguiente escenario: usted hace comentarios no muy adecuados sobre usted mismo y los demás le escuchan pero no dicen nada, aunque eso no signifique que no se formen una opinión al respecto, ya que los comentarios que haga sobre usted mismo no pasan desapercibidos para los demás. Consecuentemente, tendrán un impacto, más fuerte o más débil, en su autoconfianza, aunque al principio usted no se percate de ello.

Si tiene pensamientos negativos, está dando vía libre a los sentimientos negativos; por ejemplo, en cuanto a cuál es su situación laboral y personal en ese mismo momento. Por tanto, si bien tarde en tomar consciencia del daño que se ha hecho, la negatividad de los comentarios a medida que pasa el tiempo irá erosionando su autoconfianza, como si fuera despreciativo con su propia persona. ¿Cómo puede dar un

---

65 Cuando no hay autoconfianza se termina afectando a las competencias personales, al mismo tiempo que las emocionales. Son innumerables los ejemplos de grandes talentos que finalmente fracasaron, porque a pesar del nivel de competencia profesional y capacidad, en el momento que tenían que enfrentarse a los retos eran traicionados por el nerviosismo, las dudas, los pensamientos negativos, etc.

En todas las situaciones estas personas que tocaron el fracaso pudieron haber sido mejores si les hubiera acompañado una dosis mínima de autoconfianza.

giro a su vida generando autoconfianza para usted y también para su organización?

Puede que parezca una misión imposible por la categoría de la persona que pretendemos emular, pero seguramente buscando en nuestro interior lo encontraremos. Cada vez que procedemos a hacer esa introspección que nos hace revisar nuestro mapa mental de principios y valores, libramos una batalla personal, aunque la mayoría de las veces sea inconsciente.

¿A qué se debe? A que lo importante al enfrentarse a los problemas es definir con precisión cuáles son y hacer un diagnóstico de los mismos. Parece sencillo, pero justamente si en algo se caracterizan los líderes al estilo Branson, es en su capacidad de diagnosticar de manera que su apreciación del problema y/o reto esté muy próxima a la realidad de lo que realmente sucede.

Resulta difícil despejar la niebla que suele mezclarnos la imagen de los problemas reales junto a los que nosotros mismos inventamos, creemos, imaginamos o pensamos que existen. Hay que tener claridad para identificar cuáles pueden ser los problemas reales, no los que imaginamos. Es frecuente que, ante la personalidad de un líder como Branson, algún miembro de su equipo vea un problema donde en realidad no lo hay, lo que constituye una dificultad para la mayoría, y esto se da con más frecuencia de lo que pueda suponerse. Por ello, los líderes Branson asumen una posición firme frente a cada reto o cambio inesperado. Los consideran una oportunidad para demostrar la valía tanto organizacional como personal. O, como dice Branson: *«No aprendes a caminar cumpliendo reglas; aprendes haciendo las cosas y cayéndote».*

El valor siempre se asocia al coraje, aunque no implica que no se tenga miedo. Por supuesto que lo racional es controlar ese miedo que en algunas personas se convierte en irracional, dificultando cualquier diagnóstico de situación. Pero lo importante que produce el estilo de liderazgo tipo Branson es que contagia esa confianza a su entorno. Les enseña a focalizar bien el problema una vez que este está perfectamente diagnosticado. No hay que confundirse y dejar que el ego se anteponga en el camino al exagerar las fortalezas, como tampoco es bueno minimizar las debilidades.

Si se evitan los pensamientos negativos y los positivos van teniendo un efecto de mejora en las emociones, eso se traduce también en un incremento notable de la autoconfianza. Evidentemente esta es una de las claves de la inteligencia emocional. Branson se reúne con su equipo y juntos piensan, por ejemplo, si es conveniente entrar en un nuevo sector de actividad económica en el cual no tienen experiencia. Pero en su haber tienen algo de lo que pocas organizaciones a escala global pueden presumir: más de 400 empresas repartidas por todo el mundo y en los más diversos sectores económicos.

Ante un nuevo desafío, siempre están consultando a alguien de algún equipo en un determinado país que pueda conocer dicho sector. Se conforma entonces un nuevo equipo, se diagnostica y se planifican las acciones. Esta fuerza motivadora (también un deseo individual de los integrantes del equipo) jamás hay que subestimarla, ya que se transforma en un motor que impulsa todas las acciones (las nuevas y las ordinarias); porque el resto de las empresas y equipos también sufren un incremento en su ego y autoconfianza.

En definitiva, esta transformación que el líder efectivo puede hacer de personas y equipos es el mejor aval para asumir riesgos que vayan más allá de lo ordinario.

Y no olvidemos el último ingrediente del estilo Branson: *«Puedo decir honestamente que nunca he iniciado un negocio meramente para hacer dinero. Si ese es el único motivo, creo que es mejor no hacer nada».*

La creencia en uno mismo

Toda persona que esté en posición de liderar y preocupada por el desarrollo de su carrera, al igual que los grandes líderes como Branson, debe creer en sí misma. Las creencias son las cosas que se piensan como verdad y aceptamos como verdaderas sin necesidad de cuestionarlas o examinarlas. Cuando se cree que se puede hacer lo que otra persona u organización puede hacer, ese es el primer paso para lograrlo. Sin esta creencia en nosotros mismos (autoconfianza) es muy difícil predisponer a personas y equipos, y la implicación del equipo en la misión del líder lo es todo. Como dice Branson: *«la comunicación es la cualidad más importante que cualquier líder puede poseer»*.

¿Puede hablarse de una filosofía Branson? ¡Pues claro que sí! Es tal la seguridad que transmite que ya forma parte de la cultura de todo su grupo de empresas. Todos saben que están haciendo las cosas bien y por encima de la media del mercado (competidores) porque creen en ello, han alimentado su ego y autoconfianza; pero no se vanaglorian durante el resto de los meses del año con un nuevo logro empresarial, sino que siguen trabajando como si aún estuviesen luchando por lograrlo.

El sistema Branson de liderazgo consiste en «jamás ceder ni aflojar», porque en cuanto uno se relaje un poco perderá la ocasión en un mercado rápidamente cambiante y que no permite vacilaciones. Branson sabe cómo administrar adecuadamente la «creencia y autoconfianza en sí mismos» de todos los que conforman sus equipos. Es un auténtico director como el de las grandes orquestas filarmónicas, en las que existe una armonía absoluta de todos y cada uno de los instrumentos.

Esta actitud ante el trabajo, y también frente a los retos, incluye la admisión de errores e incluso el capitalizarlos todo lo que se pueda para no solo que no vuelvan a ocurrir, sino para acortar el tiempo de puesta en marcha de otro proyecto que tomará debida nota de los yerros pretéritos.

Recordemos unos vuelos aerostáticos con los que pretendía dar la vuelta al mundo. En la travesía del Pacífico, el globo de Branson se precipitó al océano. Su equipo de asesores de marketing e imagen le dijo que eso no era bueno ni para él ni para la marca. Pensaban que un fracaso tan sonado sería muy negativo. Por el contrario, sin pretender contrariar a su gente, Branson dijo que los intentos había que tomarlos como experiencias para saber qué cosas nuevas deberían tener en cuenta para próximos intentos de batir récords. En ningún momento dejó que la negatividad contagiara su autoconfianza ni la de su equipo.

Si se tiene un problema para probar algo nuevo, no será mala idea iniciar nuevamente algo con aquello a lo que uno ya está acostumbrado. Esto le dará más confianza. Es el caso de un deportista que ante una lesión vuelve a trabajar en la pista de atletismo sin pretender superar las marcas que ya tenía; en cuanto vuelva a sentir la autoconfianza podrá volver a batir récords.

Cuando Branson entra en un nuevo sector de la economía lo hace con actitud positiva y con una fe tremenda acerca de las posibilidades de su grupo. La autoconfianza generada será un plus de eficiencia para toda la organización.

Provocar el pensamiento que implique acción

Yasuhiko Genku Kimura[66] es un filósofo cuyo pensamiento central se basa en «*to provoke thinking which inspires ac-*

---

66   Yasuhiko Genku Kimura es un filósofo y sacerdote budista y erudito en las enseñanzas del Zen. Es además creador y líder de programas de trans-

tion that engendres integrity and wholeness» (provocar el pensamiento que inspira a la acción que engendra integridad y totalidad). Esta idea viene a reforzar la particular visión que tenemos de Branson y lo que consideramos las claves de su éxito: *«Cuando nuestro auténtico autoconocimiento sobre nosotros mismos comienza a desarrollarse, nuestros principios, pensamientos, compromisos y acciones llegan a estar de acuerdo con lo que realmente somos».* O sea, la autoconfianza se transforma en la auto-integridad, que se percibe como la relación de nuestras acciones con el mundo exterior: clientes, instituciones, mercado en general, opinión de los consumidores, etc.

La integridad en los negocios, en las decisiones, que son la cara externa de nuestra autoconfianza, marcan nuestro comportamiento ético hacia los demás. Nuestro prestigio requiere una conducta y una ética, tanto de vida como empresarial.

Por ello, por más autoconfianza que hayamos ganado con el tiempo, no debemos dejarnos llevar por nuestro ego, porque entonces las tentaciones a acciones comerciales o financieras poco ortodoxas y comprometedoras para la organización, en vez de haber sido potenciadoras de una integridad que no ofrezca dudas, pueden manchar, o incluso destruir, nuestro prestigio de marca y posicionamiento en el mercado.

En el plano personal, declaraciones y/o acciones en las que el ego ha campado a sus anchas, antes o después nos pa-

formación, consultor y asesor de líderes de empresas, así como de todo tipo de organizaciones. Es traductor de antiguas escrituras japonesas y chinas, además de autor en materia de filosofía espiritual, ética evolutiva, ciencia integral y liderazgo empresarial.

Kimura es considerado uno de los pensadores visionarios más originales en el campo de la filosofía integral y evolutiva. Es reconocido por su habilidad única para integrar el pensamiento científico occidental avanzado con la intuición espiritual oriental, para lograr una transformación radical y duradera, tanto para individuos como para organizaciones.

sarán factura. Por tanto jamás hay que dejar que la autoconfianza, por más grande que sea la creencia que tengamos en nosotros mismos, sea conducida por el ego y no por el buen criterio y el sentido común.

Conclusiones sobre nuestro particular enfoque del estilo Branson sobre la autoconfianza:

- La construcción de la verdadera confianza es un proceso gradual. Ninguna persona puede convertirse de la noche a la mañana en una personalidad mucho más confiada y segura de sí misma.
- La persona que aparenta ser la más fuerte en carácter y personalidad no necesariamente es la que tiene más autoconfianza.
- Incrementar la autoconfianza no implica dejar de ser humildes y próximos en las relaciones interpersonales.
- La confianza en uno mismo no es la impresión que se da a los demás, sino cómo se siente consigo mismo. Las personas lo perciben, aunque no se den cuenta de ello.
- El pasado no puede cambiarse, pero sí puede influir decididamente en cómo será el futuro.

No pretenda imitar a Richard Branson, pero no es mala idea intentar emular algunos de los tantos ejemplos que nos da su personalidad de líder exitoso en los negocios y en la vida.

Asumir riesgos y estar dispuesto a fracasar es una de las cuestiones que más están siendo tratadas tanto por la doctrina como por los líderes de grandes organizaciones.

¿Qué es lo que se debate? Cómo hacer para que sus empleados estén predispuestos a asumir mayores riesgos. Es más, en conversaciones privadas algunos de estos líderes reconocen que cuando un departamento o unidad de negocio de la organización no ha ido tan bien como se esperaba llega a considerarse una especie de «insignia de honor» porque implica que hay una entrega total a los objetivos fijados y que el compromiso del personal es elevado, a pesar de ese resultado regular momentáneo. En otros términos: se está más curtido ante el fracaso porque se han asumido riesgos y eso se agradece en la medida en que la gestión de los mismos haya sido técnicamente correcta.

Don Kurz[67], CEO y presidente ejecutivo de la agencia de publicidad Omelet (tortilla en castellano), aplica la ironía para definir el especial matrimonio que la organización que dirige mantiene con el riesgo, afirmando que «*su empresa es tan amigable con el riesgo que su propio nombre expresa la voluntad de romper algunos huevos en el camino para alcanzar sus objetivos*». Pero inmediatamente agrega una frase que le coloca a él como líder y a su organización, no como la regla sino como la excepción, al decir que el *risk-taking* ha funcionado bien para Omelet, «*aunque no para todas las empresas es así*».

Nos parece interesante su posición respecto al momento en que un directivo debe ponderar un determinado movimiento arriesgado, para lo cual hay que considerar los siguientes aspectos antes de tomar la decisión:

a. Cualquier riesgo debe servir a la misión de su empresa.

La toma de riesgos no debe ser imprudente, sino altamente estratégica. Por ejemplo, la compañía es propietaria de Betsy's Best, una línea de mantequillas de frutos secos. Recientemente produjo un largometraje documental sobre ex líderes de pandillas que ahora recons-

---

67   CEO y presidente ejecutivo de la agencia de publicidad Omelet. Don Kurz es fideicomisario emérito de The Johns Hopkins University, y de la Columbia Business School de la Universidad de Columbia.

truyen sus comunidades. Mientras que estos esfuerzos pueden sonar fuera de lugar para una agencia de publicidad, sí encajan con la estrategia a largo plazo de Omelet. No quieren quedarse en una agencia que sea considerada tradicional.

«Cualquier esfuerzo potencial tiene que encajar con esa misión, lo que implica ser perjudicial para el statu quo». Más allá de eso, cualquier nuevo proyecto tiene que aprovechar al máximo las competencias básicas de Omelet de elaborar ideas estratégicas y contar historias creativas, situaciones ambas que ya se han dado.

Tal vez lo más importante es que cualquier cosa que evalúan se hace a través de la lente que se pregunta: «¿Mejorará la marca Omelet y, por tanto, el valor de la empresa?». En definitiva, pura creación de valor para ambas partes. Y esta es la clave de su éxito. Es más, cada vez que se enfrentan a un nuevo proyecto, el desafío es que se deben cumplir todos los criterios de actuación para que Omelet lo tome o lo deje.

b. Tiene que encontrarse bien con el fracaso y las pérdidas.

La filosofía de negocio de Kurz se basa en el hecho de que si se desea tomar este tipo de riesgos toda la estrategia de negocio se debe comprometer a eso. Como si fuera una apuesta, aunque bastante segura.

Se persigue con afán de que todo esté alineado de manera consistente y especialmente estar preparados para los éxitos de rentabilidad a corto plazo.

Eso puede ser un gran desafío para una empresa joven que trabaja con un margen pequeño de beneficio, pero si se puede mantener puede valer la pena, ya que el objetivo es que el valor de la empresa sea más alto en el medio y largo plazo porque estará creando un nuevo modelo de negocio y fuentes de ingresos; o sea, que estará provocando una corriente de innovación en la empresa.

c. Está perfectamente bien no correr riesgos.

La asunción de riesgos y el fracaso que esta conlleva son nociones muy de moda en estos días. Pero no hay que cometer el error de basar la estrategia de negocio en lo que está de moda. Parece muy sencillo, pero muchos fracasos del mercado, y bastante sonados, provienen de no haber respetado este principio.

No hay nada malo en tener aversión al riesgo. Si una empresa organiza sus sistemas correctamente, contrata empleados que tampoco son entusiastas del riesgo, no por ello va a dejar de ser una buena compañía. Aunque es en los momentos de dificultad en los que una empresa encuentra sus límites y sus verdaderos retos, esta es la paradoja.

La toma de riesgos tiene un costo

Kurz señala que cualquier iniciativa no probada inevitablemente reducirá el flujo de caja, lo que supone algunas contrapartidas. Pero este tipo de situaciones podría impedir todo, desde la reinversión en el negocio central, a aumentos de los empleados y bonificaciones, y hasta la capacidad de la empresa para hacer nuevas contrataciones. Por tanto, si se decide correr riesgos en la empresa hay que tomárselo muy en serio a la hora de presupuestar cuidadosamente todos los pasos y acciones que puedan considerarse arriesgados.

Lo primero es tener una idea clara de cuánto está dispuesto a gastar (es decir, a perder) y tener la disciplina de atenerse a esa cifra. Es lo que hacen los jugadores profesionales en los casinos de juego: se fijan una línea roja, un límite de gasto por noche, y a partir de ahí juegan y dejan de jugar cuando orillan la barrera auto-impuesta.

En el extremo contrario, también debe ser realista un líder empresarial acerca del límite temporal, para cuándo se estima que estas inversiones generarán un retorno. Y cuidado si es que finalmente lo generan.

LIDERAZGO EFECTIVO Y QUÍMICA INTERPERSONAL

Algunos le llaman empatía, caer bien o tener química. Lo que suele llamarse «tener buena química» es la apreciación que una o más personas hacen sobre otras, y por raro que nos parezca tiene un fundamento soportado por la investigación en dos campos de la psicología: la clínica y la organizacional.

«Cuántas veces se oye decir que no tenemos química, una expresión tan habitual que parece que ha perdido su sentido. Sin embargo, esa idea tiene una base científica, ya que el organismo libera hasta 250 sustancias al estar ante una persona que resulta agradable o atractiva». Así lo explica Mª Carmen San Martín, doctora en Farmacia, premio nacional de la UNED en Química y profesora adjunta en la Universidad de Navarra. San Martín añade que *«para que exista química en las relaciones humanas debe haber atracción; no necesariamente una atracción física, sino más bien emocional».*

Es evidente que la química del comportamiento humano implica sintonía, emoción, afinidad y reciprocidad. Si una persona es correspondida, entonces la química fluye con naturalidad. Por el contrario, si alguien percibe que da más de lo que recibe o que la relación produce más tristezas que alegrías, entonces asumimos que algo no anda bien.

Por ello, cada vez que empatizamos con alguien con quien sentimos que hay buena química, estamos haciendo referencia a una percepción positiva. Incluso se producen vibraciones especiales únicamente sensibles a cómo las recibe cada uno cuando una persona a la que admiramos tiene una conversación con nosotros.

Puede ser incluso de forma casual, en la estación de Atocha comprando un libro para el viaje, y repentinamente uno se da vuelta y se encuentra con una personalidad de los medios. Le saluda y siente una sensación agradable, esa emoción (la vibración referida) que es la química por la que aceptamos y valoramos a los demás, incluso a los que no conocemos.

¿Hay secretos o reglas para tener las mejores relaciones en los negocios y en la vida? Ciertamente podemos hacer referencia a algunas que son básicas. Pero hay dos preguntas que casi todas las personas se hacen: ¿por qué tenemos química con algunas personas y con otras no? En segundo lugar, ¿podríamos conectar a la primera (tener buena química) con todo ser humano con el que mantengamos un diálogo, por breve que este sea? La cuestión es saber primero si esto es posible para, en caso de serlo, ver qué necesitamos hacer.

La respuesta es que no. Pero debemos tener en cuenta un pequeño matiz: lo que sí puede hacerse es, incluso con las personas cuya personalidad tienen menor atractivo para nosotros, mejorar la relación. Y esto es lo importante.

La posición de autores e investigadores es bastante amplia en cuanto a la forma de mejorar las relaciones interpersonales[68] y la importancia que ello tiene en la vida de las

---

68   En las organizaciones, las relaciones interpersonales terminan teniendo un nivel de importancia e influencia en la consecución de los objetivos y resultados previstos. (Ver *Buen feeling personal* de José Luis Zunni, Salvador Molina, Javier Espina y Ximo Salas en https://ecofin.es/buen-feeling-personal/)

organizaciones. Para ello se parte del principio sobre la imposibilidad de que exista una química positiva y universal, aunque fuese de tipo medio, por la que todas las personas congeniarían sin dar lugar a diferencias ni derivar en conflictos. Y para eso se inventaron las sesiones de *wellness* y los talleres de felicidad en las grandes corporaciones, así como las sesiones gratuitas de yoga, tonificación o relajación.

En lo que sí parece haber consenso entre psicología, doctrina y sentido común es que se puede hacer un esfuerzo por construir mejores relaciones con los demás, un proceso paulatino para poder influenciar con nuestra actitud el cambio de personalidad de esos individuos, aunque solo sea en el momento en que se relacionan con nosotros. No es que podamos cambiar su personalidad, pero al menos podremos influir en su actitud cuando se relacionen con los demás. Por ello, la labor psicológica del buen líder es fundamental para acercar posiciones tanto en el plano técnico como en el personal.

En las organizaciones, las relaciones interpersonales terminan teniendo una enorme importancia e influencia en la consecución de los objetivos[69] y resultados previstos; por ello

---

Un buen clima laboral aumenta la productividad. De esta forma, se incrementa la probabilidad de que en una organización surjan problemas de productividad originados no en cuestiones logísticas, sino en relaciones interpersonales afectadas entre ellas por el ambiente, del mismo modo que entre el personal con la dirección. Esto lleva a disconformidad y descontento, discusiones, malas relaciones y hasta conflictos.

69   El establecimiento de objetivos supone poder concretar en el corto y medio plazo la visión que se tiene a largo plazo. Se deben abordar aspectos cualitativos, pero prestando la debida atención a las variables cuantitativas.

De esta manera, se cuidarán factores esenciales en la evolución de los negocios, tales como rentabilidad, eficacia y el propio volumen de actividad. Todos ellos tendrán que estar en consonancia con aspectos más intangibles pero a los que se les atribuye el mismo valor. Esta intangibilidad se termina convirtiendo en resultados tangibles, gracias a los procesos de mejora continua, satisfacción de usuarios y clientes, así como a la coordinación, eficiencia y sostenibilidad en el ejercicio de las diferentes acciones acometidas por la organización.

Un aspecto vital es la interrelación de los objetivos entre las diversas áreas de una organización, porque los objetivos parciales que deben ser conseguidos tienen que estar totalmente alineados con los objetivos globales.

las investigaciones y las aplicaciones de determinadas reglas que algunos autores e investigadores nos han facilitado en los últimos años ayudan a comprender un poco más el tipo de situaciones en las que aquellas relaciones no son fáciles.

Un buen clima laboral aumenta la productividad. Un mal clima laboral puede derivar en consecuencias negativas en los trabajadores, como estrés, angustia, depresión, entre otros. A la vez, esto puede tener un impacto económico negativo en la empresa, pues el mal estado físico y emocional de los empleados repercute directamente sobre la productividad.

De esta forma se incrementa la probabilidad de que en una organización surjan problemas de productividad originados no respecto a cuestiones logísticas, sino a relaciones interpersonales afectadas por el ambiente, del mismo modo que entre el personal y la Dirección. Esto lleva a disconformidad y descontento, discusiones, malas relaciones y hasta conflictos.

El respaldo de la investigación científica

En los últimos años se ha incrementado la investigación en el campo de las emociones y el impacto que ello tiene en las relaciones sociales. Estudios sobre las tendencias de reacción de los individuos en determinadas situaciones emocionales muestran que estas pueden influir en sus relaciones con una o más personas del grupo, o afectar a todo un equipo o de-

---

La manera más eficaz para que el personal cumpla con ellos es que sean progresivos, logrando un equilibrio entre las ambiciones personales y las organizacionales, de manera tal que se puedan alcanzar las metas y lograr la accesibilidad para cada una de las situaciones en las que se encuentran las personas del equipo que han de afrontar la consecución de dichos objetivos.

Tan ineficiente resulta plantear un reto por debajo de la capacidad de un empleado como establecer un estándar de exigencia irrealista que probablemente conducirá a la desmotivación de la persona.

partamento. Hay dos estudios en los que se examina si la similitud percibida en la reacción emocional entre el yo y la otra persona (lo que se conoce como el otro cercano) estaba asociada con el bienestar emocional de los individuos.

Uno de los estudios extiende esta idea a las reacciones emocionales y fue llevado a cabo por Yanhua Cheng y Daniel Grühn, de la North Carolina State University Raleigh, departamento de Desarrollo Psicológico, Emociones y Psicología Social.

Los participantes evaluaron la forma en que un individuo y otro cercano reaccionarían en varias situaciones.

Los individuos que percibieron una mayor similitud entre el yo y el otro cercano reportaron un efecto más positivo, lo que conducía a menos sentimientos (afectos) negativos, así como a una disminución del estrés percibido; en general una mayor satisfacción con la vida frente a aquellos que percibieron una menor semejanza con sí mismos. Además, y esto es importante, la exposición al estrés moderó los efectos de la similitud entre el yo y el otro en el estrés percibido. En resumen, una mayor similitud percibida con los demás cercanos parece beneficiosa para la adaptación socioemocional.

Se puede sacar una primera conclusión en cuanto a que un individuo tiende a tener reacciones emocionales consistentes en situaciones similares, que pueden convertirse en rasgos afectivos con el paso del tiempo (Izard[70], Libero,

---

70   Carroll Ellis Izard (1923-2017) fue un psicólogo de investigación estadounidense conocido por sus contribuciones a la Teoría de las Emociones Diferenciales (DET) y el Sistema de Codificación del Afecto Máximo Discriminativo (MAX). Cronológicamente ha desarrollado su carrera en las siguientes universidades: Syracuse University, Vanderbilt University y University of Delaware. Libero DZ, Putnam P, Haynes OM, pertenecen al Department of Psychology, University of Delaware, Newark.
Izard también emprendió estudios empíricos en la hipótesis de retroalimentación facial según la cual las emociones que tienen funciones diferentes también causan expresiones faciales que a su vez nos proporcionan pistas sobre qué emoción siente una persona.
Pueden leer *Química humana del liderazgo transformacional* de José

Putnam y Haynes, 1993). Estos estilos afectivos –tipo rasgo– difieren entre los individuos. El bienestar de estos puede estar influenciado por el nivel de armonía entre sus reacciones emocionales y las de las personas de su alrededor.

El estudio también investigó si la similitud percibida por los individuos entre las reacciones emocionales del yo y un otro cercano estaban relacionadas con el afecto, el estrés y la satisfacción con la vida de los individuos. Algunas evidencias empíricas apuntan a los efectos beneficiosos de la similitud de personalidad entre pares o parejas románticas (por ejemplo, Antonioni y Park, 2001; Markey y Markey, 2007)[71].

El estudio extiende esta idea a las reacciones emocionales y las tendencias de la reacción emocional que describen los patrones de reacciones emocionales de un individuo a través de las situaciones y con el tiempo. De acuerdo con la Teoría de las Emociones Diferenciales[72], las estructuras afectivo-cognitivas de los individuos se consolidan median-

---

Luis Zunni y Ximo Salas en https://www.media-tics.com/noticia/6083/management/quimica-humana-del-liderazgo-transformacional-leccion-4.html y, también de José Luis Zunni, *¿Quiere mejorar su química con esa otra persona que le exaspera?* https://www.media-tics.com/noticia/5199/management/quiere-mejorar-su-quimica-con-esa-otra-persona-que-le-exaspera-.html

71   *The effects of personality similarity on peer ratings of contextual work behaviors* (Los efectos de la semejanza de la personalidad en las evaluaciones por pares de los comportamientos contextuales de trabajo) de D. Antonioni y H Park publicado en *Personnel Psychology* (2001). El citado estudio de campo investiga si la similitud de los cinco grandes factores de la personalidad influye en las evaluaciones por comportamientos contextuales de trabajo.
The complementarity of behavioral styles among female same-gender romantic couples (La complementariedad de los estilos de comportamiento entre las parejas románticas femeninas del mismo género) de P.Markey y C. Markey en *Personal Relationships* (2013).

72   La Teoría de las Emociones Diferenciales sostiene que las emociones innatas y básicas universalmente reconocibles emergen dentro de los primeros dos a siete meses de vida postnatal «sin precursores del movimiento facial» y argumenta la congruencia de la expresión emocional y la experiencia subjetiva.

te experiencias emocionales repetitivas y finalmente se convierten en parte de los rasgos de una personalidad estable.

Estas estructuras afectivo-cognitivas influyen en nuestro procesamiento de la información y guían nuestras acciones. Sin embargo, las emociones de una persona en cualquier momento dado son el producto de dos tendencias duraderas y características de las situaciones.

En lugar de ver a los individuos como altos o bajos respecto a ciertos rasgos afectivos, la reacción emocional incorpora el contexto. Dos individuos pueden ser altos en rasgo afecto positivo, pero pueden ser felices respecto a cosas diferentes.

La similitud emocional percibida con otros redujo las respuestas de cortisol de los individuos durante una tarea estresante. Del mismo modo, una mayor similitud en las tendencias de la reacción emocional en las relaciones íntimas puede estar asociada a una disminución del estrés y un mejor bienestar a largo plazo.

QUÍMICA RELACIONAL PARA EVITAR CONFLICTOS

Si de algo puede presumir un líder efectivo es de que ante el peligro potencial de una pugna activa, su buen hacer e influencia en las personas la convierte en una pugna pasiva.

Los líderes enfrían el ambiente, que de ahí no pasa. La mano derecha –e izquierda– del líder del equipo es fundamental. Pero cuando la pugna se activa, surge el conflicto, que podrá ser neutralizado cuanta mejor capacidad demuestre una de las partes con su empatía utilizando algunas de estas vías:

1. Demostrar interés en la otra persona

Todo el mundo tiene algo que ofrecer. La cuestión es que al ritmo que vivimos, especialmente en el puesto de trabajo, somos poco proclives a querer saber qué es lo que esa persona puede aportarnos. A veces, cuando llegamos a conocer alguna cosa de la vida de otro compañero con el cual no tenemos esa química, podemos mejorar la relación sin esfuerzo por nuestra parte, sencillamente porque nos ha impresionado conocer su historia.

Es el caso real ocurrido en una empresa de medios publicitarios de capital mixto español-británico en los años 90 en el que un responsable de equipo estuvo sometido a un proceso de desintoxicación por alcoholismo[73] y se operó un cambio sustancial en su actitud hacia los demás.

Como agradecimiento a su proceso de eliminación de la adicción empezó a dedicar desinteresadamente tres días a la semana a grupos de apoyo de personas con problemas de adicción al alcohol y a las drogas en el centro en el cual él fue curado. La normalidad volvió al equipo y se convirtió en un espejo de tolerancia y convivencia en el que todo el personal se miraría de ahí en adelante.

2. Buscar lugares comunes

Cuando dos personas se conocen por primera vez y comentan cosas de la vida (estudios, deportes, aficiones, etc.), pue-

---

73   La desintoxicación del alcohol es el proceso al que se somete cualquier dependiente del alcohol que quiere dejar de beber. Existen medicamentos que ayudan a prevenir los síntomas de abstinencia cuando se deja de beber alcohol. En algunos países de nuestro entorno, como Reino Unido, muchas empresas apoyan financieramente a sus empleados en los procesos de rehabilitación, tanto de drogas como de alcohol.

de que tengan más o menos química, pero es seguro que esos lugares comunes incrementan las ganas de querer saber más del otro.

Cuando queremos que los demás sientan esa especial empatía con las personas con las que la química no está funcionando, hay que buscar esos lugares comunes que serán un buen conductor de energía positiva.

Hay que encontrar un común denominador real: aficiones, deporte, universidad, música, lugar de nacimiento, viajes, etc. Entonces la conectividad será automática y cada día que pase la química mejorará.

El líder debe dar ejemplo de escucha activa

No se trata de oír, sino de escuchar. Es lo que se conoce como escucha activa. A lo que hay que añadir otro ingrediente esencial: la presencia. Porque si el otro percibe interés, escucha y dedicación en ese tiempo que nos dedicamos ambos, entonces habremos ganado un aliado.

Se trata de dejar de escucharse a uno mismo y prestar atención a lo que la otra persona nos dice. La clave para bloquear cualquier relación que va por mal camino por falta de conexión es invitar a la otra persona a que manifieste su opinión, dejar un espacio libre para que exprese lo que opina por un lado y los sentimientos por otro. La mayoría de las personas están esperando que la que está hablando termine de hacerlo para poder entonces intervenir y soltar su parte. Pero esta actitud con frecuencia demuestra poco interés en lo que la otra persona tiene que decir.

Escuchar y mostrarse interesado, incrementando la capacidad de atención hacia los demás, es elevar sustancialmente el respeto que se siente por nuestros semejantes. Y esto se percibe inmediatamente. El que está hablando sabe que se le escucha y se le respeta.

Conversaciones de calidad en ambientes distendidos profundizando en la búsqueda de lugares comunes, dedicando interés y presencia, esta es la síntesis de la escucha activa, que igual sirve para liderar un equipo de investigación, un equipo directivo o triunfar por la noche en la discoteca. Es una cuestión de liderazgo.

Muchos de los problemas de falta de química, por tanto, se originan en una mala comunicación, y esta es esencial en el buen desarrollo de las tareas y la consecución de objetivos en una organización.

Por tanto, un líder debe saber sobrellevar la falta de química con las herramientas anteriormente apuntadas, técnicas sencillas que superan las barreras del comportamiento insano e impropio de un buen equipo de trabajo.

Si la química no funciona se frustran muchos negocios

El esfuerzo del líder puede darse contra un muro si no ha logrado que los equipos funcionen cohesionados. La química, si no aporta en positivo, que tampoco represente un generador de conflictos personales que alteren el normal curso operativo de la empresa.

Las mejoras del rendimiento personal y organizacional pasan por potenciar la eficacia en las tareas personales y del equipo al mismo tiempo que el incremento de la eficiencia global de la organización, lo que la coloca en un plano de competitividad con el entorno. La cuestión es si se puede multiplicar el rendimiento de un negocio cuando hay factores internos descontrolados en los cuales las relaciones interpersonales (la química relacional) no son las adecuadas.

Parte de la doctrina en la actualidad sostiene que se puede multiplicar por diez el rendimiento personal y de la organización cuidando el clima socio-laboral, las relaciones de calidad en la empresa y la motivación positiva. En resumen, generando una cultura de empresa «felicaz», con espacios físicos y espacios temporales para el relax y la buena química organizacional.

Siempre se busca la manera de que las relaciones interpersonales de uno o más miembros de equipos y/o departamentos que están siendo conflictivos puedan transformarse en un motor de motivación común en beneficio de la organización, del proyecto y también de una nueva etapa con un ambiente libre de tensiones.

Cada vez que el líder se compromete de manera incondicional[74] con su personal tiene una respuesta positiva y de apoyo, porque las personas perciben que la forma de dirigir no tiene excepciones, que el esfuerzo es equitativo e igualitario para que cada uno de los diferentes miembros se sientan cómodos, que comprendan la importancia del compromiso asumido y agradecer el apoyo, incluso cuando esa química estaba alterando las acciones impulsadas de esa persona hasta ahora considerada un poco conflictiva.

Piense que, a pesar de la incertidumbre que hay respecto del futuro, puede tener éxito en cualquier cosa que emprenda. Existe un término que se utiliza bastante en los

---

74 Respecto al compromiso del líder, con su manera directa habitual de referirse al liderazgo, John Maxwell postula: «*Nada es más fácil que decir palabras. Nada es más difícil que vivirlas día tras día*». Porque Maxwell sostiene que una cosa es hablar de compromiso y otra muy diferente es hacer algo en cuanto a esto. La única medida real del compromiso es la acción.

Cuando un líder hace un compromiso con inversionistas, empleados o proveedores, todas estas personas en cierta medida dependen de las decisiones y acciones que tome. Por tanto, todas ellas también tendrán un interés personal en que al negocio le vaya bien. Pero tiene la misma o más importancia el compromiso que el líder haya hecho consigo mismo, porque está centrando toda la responsabilidad en que cumplirá con los intereses de aquellas otras personas referidas.

negocios, que es el de 10x, o sea que el objetivo es ayudar a ganar diez veces más en su negocio sin necesidad de multiplicar los esfuerzos por diez. Lo interesante de este método de pensamiento es que se puede aplicar a cualquier persona en cualquier tipo de negocio o industria.

La pregunta que seguro quiere hacerse como líder es si puede multiplicar por diez su desempeño en el liderazgo que ejerce en una organización, o quizás siendo uno más en el cuadro de mandos intermedios. No interesa tanto la posición que se tenga en el organigrama como la voluntad y determinación para que el cambio que se proponga sea efectivo.

Scott Steinberg, uno de los más importantes expertos en estrategias de negocios, en su libro *Make Change Work for You* (*Haga que el cambio funcione para usted*[75]) propone diez hábitos que deberían seguirse:

1. *Tener en cuenta las probabilidades.* En términos generales, mejorar no significa asumir un riesgo. Pero cada vez que queremos implementar una mejora para salir del estado actual en que están las cosas, finalmente sí hay que asumir algún tipo de riesgo. Antes de hacerlo, sin embargo, tenga en cuenta la relación coste-beneficio de cada apuesta antes de implementar la acción. Una vez

---

75   Los negocios, la cultura y un entorno cada vez más competitivo han cambiado fundamentalmente las formas de hacer negocios, pero los principios básicos y las mejores prácticas para tener éxito y enfrentar el futuro siguen siendo los mismos, aunque deben adaptarse a las nuevas circunstancias.
La investigación de las Ciencias Sociales y la Psicología, pero especialmente sus aplicaciones en el mundo real, es lo que muestra la obra para explicar cómo reactivar la carrera personal y también la creatividad. Que no hay que tener miedo a la innovación para que el camino del éxito personal pueda contar con las herramientas necesarias para dominar la incertidumbre y conquistar todos los retos en la vida o el negocio.
El autor tiene en cuenta los factores más comunes que conducen a comportamientos autodestructivos, incluyendo el miedo al fracaso, la vergüenza, el bajo rendimiento, el rechazo, la confrontación, el aislamiento y el cambio en sí.

que analice los pros y los contras, entonces será capaz de asumir riesgos inteligentes.

2. *El mañana es hoy.* Cuanto más dominemos el arte de la improvisación para afrontar el cambio, mejor nos irá. Improvisar no implica desconocimiento o no saber qué acción tomar, sino la capacidad de actuar conscientemente sabiendo elegir las prioridades a cada momento en base a la experiencia y los conocimientos. El cambio sucede y es el momento de abrazarlo, estar preparados para los imprevistos y aprender de ellos, mientras que los hechos se suceden cada vez más rápido; hay que ser más ágiles para adaptarse a ellos. Ser flexibles y capaces de recuperarse rápidamente de cualquier revés mientras se mueve a uno mismo y a su negocio en un avance constante.

3. *Busque el movimiento constante.* Experimentar es bueno. Trabajar como una *startup* probando cosas nuevas para mejorar los productos y servicios que ofrece a sus clientes, así como los procesos internos de su empresa. Evaluar los resultados, ajustar su enfoque y luego experimentar de nuevo. Manténgase siempre avanzando. Nunca se rinda.

4. *Lidere, no siga.* Hay que tener en cuenta que al líder le siguen, pero el líder no debe seguir, sino liderar. Ser valiente es una virtud. El valor también es algo que se puede fortificar y a veces construir. La experiencia práctica facilita que seamos más valientes para enfrentarnos al cambio y los desafíos. Es bueno comenzar con pequeños riesgos y poco a poco saber que somos capaces de afrontar retos mayores.

5. *Sin miedo, nunca deje de aprender.* Hay que entender que el miedo no es algo intrínsecamente negativo, sino una especie de radar, un sistema de alerta temprana de los problemas y las oportunidades. El cambio produce generalmente miedo cuando menos experiencia se tiene. Aprender a no tener miedo es saber enfrentarse a él y aprender qué cosas deben o no hacerse. En lugar de permitir que el miedo le paralice, debe utilizarlo como una manera de aumentar su conciencia y como fuente de inspiración y motivación frente al cambio.

6. *Cree ventajas competitivas.* Todo su esfuerzo en el negocio es que el mercado conozca y confíe en que los productos y servicios que ofrece su empresa son útiles, tienen un precio que permite que el consumidor valore la relación precio-calidad, además de que el servicio postventa sea más que un valor añadido, una auténtica cadena de valor por el incremento de la confianza del consumidor y el nivel de fidelización de la clientela.

7. *Conecte los puntos que están dispersos.* Nuestra mente trabaja más rápido de lo que nosotros mismos nos percatamos. Esto produce que a veces tengamos muchos temas por resolver (como puntos dispersos en un papel) en nuestra memoria, algunos a los que les hemos dado prioridad y a otros sobre los que tenemos alguna duda. Siempre tenemos que tratar de que se produzca una transformación necesaria de todas las acciones que realizamos y aquellas que han supuesto un fracaso convertirlas en éxito. El fracaso es el primer paso en el camino hacia el éxito. En lugar de permitir que el fracaso se interponga para alcanzar sus metas, utilícelo como fuente de motivación para trabajar aún más duro y de manera más inteligente para alcanzar los objetivos que se ha impuesto.

8. *Escoja sus batallas.* ¿Sabe por qué se prioriza? Por dos razones básicas: porque no se puede abarcar todo (estar en todas las batallas simultáneamente) y al mismo tiempo porque el nivel de exigencia que el mercado le impone le condiciona a ser muy selectivo en cuanto a los recursos que utiliza (humanos y materiales). Tendrá que focalizar bien dónde lucha y cómo aplica el tiempo y la energía en las cosas que realmente son importantes para el éxito de su negocio. No es lo que crea, sino lo que realmente marca la tendencia —el mercado— y la manera de gestionar con eficiencia todas las variables que entran en juego. Algunas están bajo su dominio (las controlables), pero deberá adaptarse también de la mejor forma que se pueda a las variables del entorno sobre las cuales no se tiene control. Al escoger y elegir bien sus batallas podrá incrementar las probabilidades a su favor.

9. *Haga de la ansiedad acción.* Haga un giro en su consciencia. Provóquelo usted mismo. Porque por más que tenga ansiedad, un sentimiento normal ante nuevos desafíos e incertidumbres, cuando el líder tiene experiencia y sabe gestionar estas situaciones, toda esa carga emocional la convierte en acción. O sea, puede enfrentar mejor el cambio. Hay que negarse a ser complacientes y constantemente impulsar y lograr más, ganar más y hacer más.

10. *Siempre cree valor.* Hacer todo lo posible por ser siempre relevante en lo que hagamos y emprendamos. Crear valor y ventajas competitivas para su negocio y su carrera, requiere de innovación constante. ¡Reinventarse permanentemente! Ser un ave fénix.

En resumen, ser un líder eficaz se compone de muchos ingredientes como visión, anticipación, compromiso, valentía, empatía, química, comunicación, etc.

Algunas cosas le vendrán de serie, pero en cualquier caso todas están a la venta en el supermercado de la formación emocional y se puede aprender e interiorizar.

Ser un gran líder es cuestión de proponérselo. Y siempre tenga en cuenta que la peor decisión es la que no se toma. ¡Adelante!

EPÍLOGO

Después de este viaje que hemos realizado «paseando» por el liderazgo actual, los autores no tenemos la soberbia de pretender dar una conclusión determinista sobre la materia; tampoco la falta modestia de no decir que hemos dado unas pinceladas que creemos serán de utilidad para los lectores.

Lo que sí creemos es que las circunstancias por las que estamos atravesando como sociedad global, no circunscrita a ningún país, son de tal envergadura que de verdad es casi imposible hacer unas conclusiones de esta obra que no sean más que una descripción de lo que al menos nuestra experiencia e investigación sobre la materia, nos han permitido para poder divulgarla de manera sencilla y útil.

Es el caso, por ejemplo, de los gigantes tecnológicos Google, Facebook, Microsoft o Amazon, entre otros, que están siendo la punta de lanza del cambio. Ellos, junto a otras nuevas y revolucionarias *startups* que van apareciendo en el horizonte organizacional, no se adaptan al cambio, sino que lo producen. No gestionan enseñando a su personal a saber cómo enfrentarse al cambio, sino que lo forman en cómo ser parte de la transformación que está induciendo a la sociedad en su conjunto a ese cambio necesario.

Este es el desafío constante para el liderazgo de la década que hemos iniciado este 2020. ¿Seremos capaces las sociedades alguna vez de ir por delante de la velocidad de transformación que la innovación nos imprime? Evidentemente solo con un muy buen liderazgo las organizaciones y la sociedad en general podrán seguir más o menos de cerca la poderosa mutación gigante que se va produciendo día a día y que se verifica con una simple App en cualquier teléfono móvil.

La cuestión es si el liderazgo está preparado como campo del conocimiento para seguir este ritmo alocado de factores que van mutando para adecuarse a nuevas ecuaciones de equilibrio económico y social.

El cambio climático no es para nada ajeno a esta transformación constantes de escenarios; la toma de consciencia, por fin, de que el planeta, nuestra casa común, es un organismo vivo que se está viendo profundamente dañado por la acción del hombre.

Al menos ya se han dado pasos importantes en este proceso de toma de consciencia común por parte de los ciudadanos a nivel universal.

Dentro de este panorama suceden cosas más próximas a la biodiversidad o el agujero de ozono, por ejemplo, en cuanto a las recompensas y evaluación del desempeño en una organización, o la gestión de conflictos. Pero el líder de esta empresa, por más que imponga una cultura corporativa que respete el medioambiente y sea comunicada como parte de su Responsabilidad Social Corporativa, no dejará de tener que enfrentarse a las muchas y variadas ventajas en cuanto a incentivos de equipos, o sea, una política de motivación. El equilibrio del liderazgo va de mayor a menor. De saber comprender y enfrentarse al entorno, hasta al más pequeño de los detalles, que puede tener consecuencias graves en el nivel de eficacia del personal y la productividad global de la organización.

Sin duda la aparición y el sostenimiento de la aplicación de un modelo que abarque la diversidad de perfiles, la igualdad de oportunidades, la no discriminación ni exclusión, así como la compatibilización de la vida laboral y familiar, ha sido una de las notas que con mejor acústica han resonado, no solo en los ambientes organizacionales, sino en toda la sociedad. Un ejemplo son los movimientos «Me Too», que entre cosas tumbaron a poderosos productores y artistas de Hollywood, un ámbito decano del ambiente machista que por fin se ha visto necesitado de igualar la fuerza y el talento de mujeres y hombres.

La diversidad es una realidad que excede el ámbito propio de la persona que se ve afectada por este flagelo social, contagiando de manera positiva en la última década a todo tipo de organización, institución y demás formas de agrupación humana, habiendo alcanzado también a los partidos políticos. Basta ver la composición de gobiernos y parlamentos en el ámbito europeo y compararla con los de finales del siglo XX.

Las grandes corporaciones industriales y de servicios que operan a escala global tampoco han podido mantenerse ajenas a esta necesaria transformación social. Es más, algunas de ellas son las grandes vertebradoras del cambio en este sentido. De hecho lo están impulsando, porque solo con la herramienta de la innovación tecnológica no se puede lograr esa ecuación de equilibrio, que además está siendo constantemente monitoreada por la sociedad a través de las redes sociales. No se puede dar un paso en falso en este sentido, porque la denuncia no es como antes, que depende de instancias judiciales excesivamente largas. Hoy, el miedo al tribunal de la sociedad que se expresa en tiempo real es el que están padeciendo los líderes políticos a nivel mundial. No menos ocurre con las organizaciones y sus estilos de liderazgo. Una marca tarda años en construirse y en pocos minutos puede caerse como un castillo de naipes por las voces que se han erigido en el espacio virtual que todo lo vigila.

Como resultado, la fluidez cultural es cada vez más importante en todas las comunidades, lugares de trabajo, escuelas, universidades, y en general en cualquier ámbito en el que se reúnan dos o más personas. Esta es la gran transformación.

O sea, que el ataque a la biodiversidad es básico que hay que neutralizarlo y poco a poco eliminarlo. Pero la influencia de la cultura corporativa también adquiere un rol importante al determinar cuál es la manera en la que se focaliza en la empresa, por ejemplo, la resolución de conflictos.

Es una habilidad muy destacada de los lideres efectivos que no solo les habilita para gestionar los siempre presentes conflictos entre personas y equipos, sino para formar y educar en los cambios de actitud, formas de entender las relaciones interpersonales y el afán de explicar a los empleados la importancia de ser más sensibles y transmitir que el otro también importa.

Este cambio ya se ha producido en el liderazgo efectivo, aunque es obvio que algunas organizaciones ya lo están aplicando. Otras llegarán con más retardo, pero deberán transformar su cultura si quieren seguir compitiendo en el mercado.

Así de simple es el liderazgo transformador que está vigente y seguirá mutando para estar a la par de las transformaciones de los escenarios en los que va a tener que actuar.

Por tanto, el buen líder ayudará a que el personal comprenda los diferentes aspectos de la cultura y la diversidad. Saber explorar cómo se manifiestan las experiencias de exclusión e inclusión que tan negativas pueden llegar a ser, especialmente por el posible contagio que tienen sobre personas que por sí mismas no eran excluyentes.

Hoy día, la exclusión es lisa y llanamente una privación de derechos que puede afectar al mismo tiempo que alimentar alguna forma de conflicto.

Desde el liderazgo efectivo se debe promover la inclusión y utilizar las herramientas proporcionadas para una buena gestión interpersonal.

¿Qué papel adquiere la formación en todo esto? Digamos que es sustancial y forma parte de todos los componentes que la capacitación, el entrenamiento y la formación de las personas requiere. No se puede separar la formación técnica de la necesaria comprensión de la inclusión y la diversidad como parte no solo de la cultura corporativa, sino como esencia para que cada uno sea mejor persona.

Este viaje ha acabado. Lo que no acabará hoy ni mañana son las nuevas manifestaciones de cambio que seguramente nos harán seguir investigando, profundizando y divulgando, dentro de nuestras posibilidades, los aspectos transformadores que vayan dando nueva vestimenta a un liderazgo efectivo que dentro de pocos años ya será diferente.

25 GURÚS QUE RECOMIENDAN ESTE LIBRO

«Una obra sin desperdicio»

Estimado lector, si ya has paseado, utilizando el término que los autores indican al comienzo del manuscrito, por las fantásticas páginas de este libro; si has puesto tu intelecto y experiencia al servicio del contenido, tendré poco que descubrirte en este epílogo que aquí comparto sobre el mismo. Los autores han sido extremadamente generosos con nosotros, los lectores, por hacernos entrega de tan completo compendio, totalmente actualizado, sobre la materia clásica del liderazgo.

Una auténtica puesta al día repleta de reflexiones, conceptos, dilemas, y también de herramientas para ejercer, tal como debe ser, la función de líder en el nuevo ecosistema social y organizacional.

Durante más de treinta años he venido estudiando los actos que dirigen a los líderes en sus diferentes formatos, formas de ejercer y de cómo estas influyen en las organizaciones y en los individuos.

Yo diría —atrevido de mí— que a lo largo de la Historia, fuese el momento que fuese de la misma, el liderazgo de calidad ha sido siempre escaso. Y que esta escasez siempre ha tenido sus consecuencias, y no buenas para las empresas y su permanencia en los mercados, así como para cualquier otro tipo de organización. Quizás ahora, todavía sea mucho más relevante, en este nuevo entorno tecnológico, volátil, veloz, fugaz e incierto, de cambio altamente acelerativo, exponencial...

En *El cubo del líder*, Salvador, Javier y José Luis, nos dan una enorme lección sobre cómo el nuevo líder debe enfrentarse a este torbellino de aguas turbulentas, sin dejar de lado los básicos de siempre en esta materia, esos que nunca debieron faltar, junto con una revisión muy puesta al día de las nuevas habilidades en el ejercicio de la función de líder.

En mi modesta opinión, creo y defiendo que, hablando de liderazgo, nunca se trató de una cuestión de diferentes estilos, como algunos autores indican. Más bien de un modo de ser. Con mucha frecuencia oigo decir que necesitamos un «nuevo estilo de liderazgo» para este nuevo siglo. Incluso alguna vez me lo oí a mí mismo.

Y es verdad que se requieren nuevas formas de enfrentarse a los nuevos retos en este mundo global, caótico, con una fuerza profesional más educada y preparada que ya no se resigna a no ser escuchada, a participar en modo *bottom up*, de abajo a arriba, en los proyectos organizativos, en las decisiones estratégicas, equipos en los que predomina la transversalidad del talento, en modo «crosfuncional», donde ya triunfan nuevos modelos de relación y procesos de decisión rápida para poder ejecutar excelentemente, donde los sustratos líquidos nos presentan un panorama inestable, hiperflexible, abierto a la iteración, bajo la idea de una innovación infinita.

Pero aún así, la clave no está, creo yo, en el estilo. La clave está en la sustancia. En algo que tiene que ver con la forma básica de hacer las cosas, con las esencias, aún cambiantes, que diferencian lo que es válido de lo que no lo es.

En esto, los autores de *El cubo del líder*, han dado de lleno.

Nos hacen entrar a lo largo del manuscrito en espacios absolutamente poblados de conocimiento, datos, experiencias, razones para que nosotros los lectores podamos aprender y reflexionar sobre lo esencial del liderazgo. Pasan por temas tan cruciales como el líder como dador de ejemplo, el *feedback* constructivo, el *risk taking*, los aspectos emocionales del individuo, el cuidado de lo físico, el liderazgo anticipativo, la ilusión..., y un largo etcétera. Todo ello, desde la posición de «medio campista» hasta Disney.

Un libro sin desperdicio. Que no cae en la confusión, tan frecuente de tratar el liderazgo como si de gestión se tratase, ambas tareas del *management*.

Es un libro escrito con un estilo fresco, que sin duda el lector ha agradecido porque le ha permitido adentrarse en mucha información y aprendizajes sin pesadumbre en el relato.

El liderazgo es la piedra angular de la cultura corporativa y la aventura personal más interesante para cualquier profesional.

Salvador, Javier, José Luis, gracias por tan magnificas lecciones.

Fernando Botella
CEO de Think And Action

«Te va a provocar y a desnudar»

El liderazgo no es un tema nuevo en la literatura. Son muchas las disciplinas que lo han abordado desde la psicología, la sociología, la religión, la política, la empresarial corporativa, hasta la estrategia militar. No hay postgrado MBA que se precie que no incluya en su *syllabus* varios casos a analizar para extraer aprendizajes y reflexiones sobre la verdadera naturaleza del liderazgo: su esencia, su sustancia, su apariencia... tratando de decodificar el ADN de líder, sea innato o *self-made* a través de la formación, la constancia y la perseverancia.

Ante una realidad tan multifacética y poliédrica como el liderazgo –en cuyo perímetro podríamos incluir perfiles tan heterogéneos como Julio Cesar, Jesús de Nazaret, Mahatma Gandhi, Napoleón, Adolf Hitler, Steve Jobs, Rosalía, o Donald Trump, por citar solo algunos líderes de movimientos que han aglutinado el fervor de sus incontables seguidores (por definición no existe un líder sin seguidores) –, ¿por qué abordar otra lectura sobre liderazgo? ¿Por qué sumergirse en la lectura de *El cubo del líder*?

Quien haya tenido el privilegio de disfrutar en una conversación –de esas en las que no se mira el reloj– con Salvador Molina, seguro se ha percatado del brillo azul intenso de su vivaz y penetrante mirada cuando plantea preguntas incisivas, de esas que no admiten evasivas. Su larga experiencia periodística y su bagaje de conocimientos y criterios le permiten diseccionar los temas con la precisión de un cirujano que con su bisturí dialéctico y un escalpelo semántico ya separando argumentos, epítetos, metáforas y otras florituras del lenguaje que a veces ocultan el tema objeto de la discusión. Desbrozando esos árboles que en ocasiones no nos dejan ver el bosque.

Es precisamente esa labor de taxidermista la que ha aplicado al concepto del liderazgo en este libro *El cubo del líder*, en que aborda la acción de liderar desde aristas y vértices no convencionales que me han llevado a reflexiones enriquecedoras, desde la física y química del liderazgo, o referencias como Walt Disney, Richard Branson o Guy Kawasaki –Chief Marketing Officer de Apple– en lugar de las habituales de Peter Drucker o Sun Tzu.

Una aproximación al auto liderazgo, como fase previa al liderazgo de equipos, desde una perspectiva holística que incluye valor, visión y recomendaciones de relajación, *mindfulness, mens sana in corpore sano*, visualización para explorar el terreno de más motivaciones y la gestión de la energía en clave Red Bull, para salir de la zona de confort sin morir en el intento. No sigo, para no hacer un *spoiler*.

Por favor, no confundas esta lectura con un manual de autoayuda en habilidades blandas para leer en un puente aéreo. Salvador te va a provocar, trasladando con su pluma certera su perspicacia, desnudando al líder del siglo XXI de las capas de marketing y *bullshit* corporativo convencional, y despejando tu mirada de esos árboles que no te dejaban ver el bosque. Ahora que lo ves, ¿te animas a adentrarte en él a explorarlo?

Nacho Villoch
Open Innovation Senior Ecosystem Builder en BBVA
(@Capitancook)

«Martillazos que van dando en el clavo»

Todos hemos oído aquello de que ese o aquel tiene «madera de líder». Pero la madera solo es una materia prima, algo que es útil si luego sirve para crear una bella figura o para hacer una viga que sustente sólidamente una construcción. La madera en sí está bien pero se queda en poco si no se sabe sacar partido de ella. Y de ahí es fácil pasar a la eterna pregunta de si el líder nace o se hace. Creo que este libro, *El cubo del líder*, ofrece una certera respuesta. Todos podemos tener madera de líder, pero para que finalmente aparezca la imagen de un capitán de empresa o de un conductor de destinos es necesario aplicar herramientas, pulir, desbastar y limar. En definitiva, quitar lo que sobra para que aflore ese imán capaz de arrastrar a otros.

Esto es lo que viene a decirnos este libro. Pienso que los sucesivos capítulos son como martillazos que van dando en el clavo sobre cómo se forja un líder partiendo de esa materia prima que la mayoría podemos tener. Va aunando la inteligencia emocional, tan olvidada y tan necesaria, con consejos más concretos y más científicos.

Un cubo es la figura geométrica que mejor puede definir a un líder ya que este debe poseer una medida igual, exacta y equilibrada entre todas sus potencialidades: a lo largo, a lo ancho y a lo alto. Y no debe olvidar ninguna de sus dimensiones si no quiere que su estructura se desmorone. Y esto es lo que nos viene a decir los autores en esta obra.

Creo que el libro constituye una ayuda muy útil en un momento en el que cada vez necesitamos más líderes a nuestro alrededor. Líderes que sepan estar al frente de negocios, de organizaciones, de países. Líderes que sepan a dónde van. A los que no se les siga porque simplemente están ahí, en lo alto, sino porque arrastran y conducen al resto hacia un buen fin.

De los tres autores, Salvador Molina es un gran amigo al que admiro, pero felicito a todos desde aquí por escribir este libro que me parece esencial su lectura.

Lorenzo Amor
Presidente de la Federación Nacional de Asociaciones
de Trabajadores Autónomos-ATA

«Me ayudó en el confinamiento»

Tuve la suerte de leer *El cubo del líder* durante el confinamiento del COVID-19 y debo confesar que me ayudó mucho a mantener el foco y las fuerzas.

Cuando empecé el libro me sorprendió encontrar en una misma obra temas tan dispares como el yoga, la cultura corporativa y el liderazgo, a priori tan distantes, y al terminar me di cuenta de que no podía ser de otra forma.

En definitiva, tienes en tus manos un libro muy valiente, y por ello, espero que los autores tengan suerte y sobre todo que tú, querido lector, lo disfrutes tanto como lo he disfrutado yo.

Silvia Leal
Divulgadora científica y conductora del programa
La Cuarta Revolución (TVE).

«El libro definitivo del liderazgo»

Liderazgo para directivos, liderazgo femenino, liderazgo económico, liderazgo, liderazgo, liderazgo… Las editoriales están llenas de libros compilando conocimiento y adoctrinando a directivos que buscan obtener una dirección de sus equipos o de sí mismos con la que se sientan auto complacidos y, a la vez, responsables de la eficacia de los componentes de su equipo. Pues bien, no busques más; aquí tienes el libro definitivo del liderazgo.

Se vierten ríos de tinta aconsejando un modelo u otro de liderazgo. Librerías repletas de estanterías en donde se pueden encontrar manuales para liderar el equipo y no se habla mucho de la introspección del líder que tienes que modelar previamente. De sus habilidades aprendidas, sus capacidades adquiridas y la experiencia asumida. Y, lo más importante, el potencial de descubrir en uno mismo parte del dominio de las emociones del equipo.

Es atractivo liderar un equipo. Emocionalmente supone un empujón a la autoestima propia. Pero, no es fácil hacer funcionar la maquinaria del rendimiento, de la eficacia, de la felicidad, de la implicación para que el engranaje funcione.

La responsabilidad del líder es la de encontrar la ecuación perfecta entre cada uno de los componentes de su equipo y la suya propia, sumar esfuerzos y repartir responsabilidades siendo él mismo, el último responsable.

Este libro que mantienes en tus manos no es un libro más para aprender a ser un líder. Es el libro en el que te encontrarás como líder y te ayudará a vivir el liderazgo y disfrutarlo.

Buscamos combatir nuestros miedos con consejos y sabiduría para controlarlos, sacar a florecer nuestras propias limitaciones, nuestras emociones y valores.

Buscamos la mejor manera de unir nuestro bienestar en cuerpo y alma. Todos y todas lo hemos hecho, buscamos la perfección en el mandato de los demás pero pocas veces analizamos de dentro hacia fuera la mejor versión de nosotros para liderar en un mundo donde cada uno lleva un líder dentro y solo hace falta darle alas para que salga, unas alas llenas de conocimiento, actitud y aptitud solidaridad y acompañamiento. Me gustó una frase de mi querida amiga Pilar Gómez-Acebo que lo expresa muy bien: «Liderar desde el nosotros, no desde el yo». De eso trata este libro.

Aprender con una visión 360º a rescatar los valores internos, el aprendizaje que hemos olvidado por el desuso, despejar la vergüenza de aplicar las emociones de los que nos acompañan, ese equipo que debemos guiar para sacar lo mejor de cada uno. Atrévete a bucear en las palabras y experiencias que Javier, José Luis y Salvador han desvelado para ti.

Durante este confinamiento del Covid-19 todos hemos leído muchos libros para mejorar en cuerpo y alma; pero, este libro que tienes en tus manos, conjuga cuerpo, alma y espíritu para sacar el mejor líder, el que estás buscando, el que quieres ser.

Carmen M. García
Presidenta de la Fundación Woman's Week

«Potenciar lo que ya somos»

«Nos empeñamos en buscar lo que deberíamos ser, cuando realmente lo más efectivo para liderar es potenciar lo que ya somos». Esta es una de las frases que deberíamos tener siempre presente, y en un buen sitio, en el panel de nuestra vida. Es una de las primeras que podemos encontrar en la nueva obra, *El cubo del líder*, de Salvador Molina, Javier Hernando y José Luís Zunni. Desde pequeños nos enseñan a mirar por la ventana y pocas veces a ponernos delante de un espejo. Esta obra nos hace reflexionar sobre ello y nos aporta herramientas y consejos de cómo hacerlo.

En el momento que estamos viviendo, lleno de incertidumbre sobre el presente y el futuro próximo, es un libro que nos aportará nuevas perspectivas y posibilidades. A modo de ejemplo, me gustaría citar una reflexión de Harry M. Kraemer, profesor de Estrategia en la Northwestern University's Kellogg School of Management que está en la obra y no puedo encontrar más oportuna, es la siguiente: «Cuando realmente nos conocemos a nosotros mismos y lo que representamos, es mucho más fácil saber qué hacer en cualquier situación. Siempre se reduce a hacer lo correcto y de la mejor forma posible. Dicho así puede parecer algo más simple de lo que realmente es, aunque en realidad uno de los fundamentos del buen liderazgo es hacer siempre lo que es correcto y justo».

Josep Capell
CEO de CEIMSA (compensación y talento)

«Metodología y camino para ser un verdadero líder»

Este libro aparece en un momento en que la crisis generada por el COVID-19 está haciendo resquebrajar nuestras convicciones y certidumbres en todos los ámbitos, por lo que se hace indispensable iniciar un proceso de reconstrucción personal, profesional y organizacional.

En *El cubo del líder*, los autores nos muestran una metodología y un camino para llegar a ser un verdadero líder inspirador, con valores humanos, que genere confianza y compromiso, capaz de ser una fuente de energía para catalizar el alto rendimiento, sin descuidar el respeto a la persona, en un modelo inclusivo de organización que contemple la diversidad de perfiles, la igualdad de oportunidades y la compatibilización de la vida laboral y familiar.

Beatriz Valderrama
Socia Directora de Alta Capacidad

«Una guía de líderes de hoy y del mañana»

Leído con detenimiento el libro *El cubo del líder* se llega a la conclusión de que si era necesario antes, ahora es más importante en plena pandemia. Tenemos que estar preparados para que los líderes hagan frente a los retos de los riesgos catastróficos con todos sus problemas y cambios de gestión, pero que a su vez dan lugar a nuevos nichos de valor y de posibilidades de futuro.

Por todo ello recomiendo este libro por su contenido, recopilación y autores, que debe servir de guía a los líderes de hoy y de mañana.

Emilio Zurutuza
Presidente de Fundación Adecco y presidente del Club de Consejeros de España

«Rescata el valor del factor humano»

Terminé hoy mi lectura y creo que habéis trazado una buena guía de reflexión e introspección ante las necesidades de la dirección, tan importantes en el mundo de hoy. Buen trabajo.

Se trata de una muy útil aproximación a un proceso inagotable para la dirección de las organizaciones, especialmente en su segunda parte donde queda en evidencia la importancia del trabajo en equipo y su contribución al éxito corporativo.

La obra es un recordatorio permanente de las prácticas que conducen al liderazgo distribuido, una derivada de la ejemplaridad asumida por el grupo, en un ejercicio estimulante del compromiso individual.

Como en otras obras anteriores, rescata el valor del factor humano en el progreso corporativo y se obtienen sugerencias de aplicación a la propia conducta del lector.

César Vacchiano
Socio de Honor de la Academia de la Publicidad

«Liderarse a uno, para liderar personas»

Posiblemente «liderazgo» sea una de las palabras más usadas en la actualidad. Todas las personas se atreven a hablar de este concepto, pero muy pocas son las que aportan luz sobre el mismo. Salvador, en este magnífico libro, nos ayuda a entender el verdadero significado de la importancia de «liderarse a uno», para «liderar personas» y «liderar organizaciones».

Me parece una extraordinaria reflexión y me siento un privilegiado por poder caminar en la vida al lado de Salvador

Marcos Urarte
Director General de Pharos

«Un viaje interior donde encontrarán las claves»

El liderazgo es el pilar fundamental para conseguir la transformación de las organizaciones con el fin de hacerlas más humanas y eficientes.

En este «cubo mágico» se introducirán en un viaje interior donde encontrarán las claves y ejemplos de líderes consagrados para hacer construir empresas más «felicaces».

JUAN CARLOS MAESTRO
Creador del concepto Felicacia y co-coordinador del
Manual de Felicacia

«Muy oportuna en el momento actual»

Una visión original sobre el liderazgo en el que se percibe la complementariedad de los puntos de vista periodístico, empresarial y académico. Muy oportuna para el momento actual.

RAFAEL PAMPILLON
IE Business School

«Un método práctico»

Una excelente obra que, desde un pensamiento claramente capital-humanista, aporta reflexión de valor a la vez que propone un método práctico para el desarrollo de un liderazgo más y mejor conectado con las personas.

Enhorabuena a los autores.

Ignacio Bernabé
Presidente de The Growth Management Science, Co

«Aplica las habilidades de este magnífico tratado»

Entendí hace muchos años que si quería liderar mi vida con efectividad tenía que ser capaz de hacer aquello que me gustaba, motivaba e inspiraba. Ser médico no solo era una elección sino también una decisión, aceptar el reto y la responsabilidad de que el éxito de la misión que entonces emprendía, mi proyecto de vida, debía empezar en el «Yo» y acabar en el «Nosotros» y que la introspección, la toma de conciencia de los estados emocionales que embargan a la hora de ser, junto a la auto-observación y la auto-crítica de conductas y actitudes, eran sin duda el medio para conseguir lo esperado y deseado, ser médico de lo físico y de lo psicológico, de cuerpo y alma. Es por ello por lo que primero me especialicé en Medicina de Familia y posteriormente en Psicoanálisis.

Coincido plenamente con Salvador Molina y demás coautores de esta obra sobre la relevancia que tiene hacer un juicio certero sobre el entorno para consolidar un liderazgo efectivo. ¡Una visión subjetiva cobra objetividad y vida cuando se comparte y se ofrece a debate!

De ahí la importancia que tiene abandonar el país del «Yo, me, mi, conmigo» para adentrarse en el del «Nosotros» si queremos conseguir ganancias emocionales de reconocimiento, estima y pertenencia y no solo materiales. Hacer un acertado diagnóstico de la realidad exterior es lo que ayuda a solventar las barreras y obstáculos para ser y que nos dejen hacer. Complicidad y cercanía en el exterior son sinónimos de confianza en el interior.

Porque liderar no solo es conseguir hacer realidad nuestros sueños, deseos y anhelos; también es disfrutar de ello compartiendo con los demás, desde un lenguaje humilde sin poses ni arrogancia, porque ellos han sido, son y serán, coprotagonistas de nuestra biografía personal.

Liderar es pues aprender a sacrificar un ego altanero y egoísta a favor de un ego conjunto, suma de voces en la misma dirección, aplicando las habilidades que se explican en este magnífico tratado de liderazgo. ¡Mi más cordial enhorabuena a los coautores de este libro!

ELSA MARTI BARCELO
Doctora en Medicina y directora de la Escuela de
Liderazgo Emocional (ele)

«Transfórmate para transformar»

Un libro imprescindible para el desarrollo de líderes y personas que aborda el viaje hacia el auto liderazgo y la toma de consciencia de una forma magistral, abogando por el auto-descubrimiento, tan necesario para encontrar nuestra esencia.

Y aportando un completo y magnífico modelo, el cubo, para construir nuestro propio estilo de liderazgo, aquel que nos transforma, que marca nuestra hoja de ruta hacia el éxito y la consecución de nuestra misión, visión y valores, ahora alineado con esa esencia, alma y misión, que dan sentido a nuestras vidas.

Pues, como decimos desde Santiago Consultores: «Transfórmate para transformar». Solo así podrás afrontar con garantía el gran reto de la reinvención de nuestras compañías habiendo realizado previamente: nuestro Viaje Interior.

Ofelia Santiago
Directora de Santiago Consultores Capital Humano

«Utilidad»

Quienes llevamos años en el ámbito de las escuelas de negocios en cierto sentido hemos perdido la capacidad de sorprendernos. Debo confesar que el enfoque de esta obra me ha hecho apreciar algunos aspectos que me parecen sustanciales, tanto para la formación de nuevos líderes, como para la implementación de acciones de aquellos profesionales que ya están en posiciones de liderazgo. Una palabra puede definirlo: utilidad.

Antonio Alonso
Presidente de la AEEN
(Asociación Española de Escuela de Negocios)
y secretario general de EUPHE
(European Union of Private Higher Education).

«Muy recomendable»

Si bien siempre he sido reacio a esos tratados de *management* y liderazgo un poco dogmáticos, he encontrado con este libro una auténtica descripción de la realidad organizacional y cómo tienen que hacer los líderes para ser considerados efectivos. Muy recomendable.

Fernando Chumilla
Director general de la agencia de medios Taller de Radio

«Me ha fascinado»

Hasta que tuve ocasión de leer *El cubo del líder*, cada nuevo libro que llegaba a mis manos en materia de liderazgo no me motivaba para nada. Siempre más de lo mismo.

La lectura de El cubo me ha fascinado, por la sencilla razón de que es fácilmente leíble y, lo más importante, aplicable.

Animo a directivos, empresarios y profesionales a leerlo porque podrán aprovechar muy bien sus enseñanzas y positivismo.

Oscar Barja
Consejero delegado de la agencia de medios
Taller de Radio

«Los privilegios de un best-seller»

La literatura en materia de liderazgo, tanto anglosajona como las ediciones en español, de cada cien libros, cuatro o cinco se convierten en *best-sellers*.

La razón está en el cómo lo dicen, no porque la gran mayoría esté desenfocada. *El cubo del líder* tiene este privilegio, cómo lo dice, y es en español.

Miguel Ormaetxea
Presidente de la Asociación Española de Medios
Digitales y director general de media-tics.com

«Las palancas del liderazgo»

En el mundo corporativo, como en la política, los movimientos sociales o el entorno personal de cada uno buscamos entender las palancas del liderazgo. *El cubo del líder* nos acerca a ese liderazgo más como arte que como ciencia, invitándonos a ser escultores de nuestro propio modelo y ayudándonos con multitud de herramientas y consejos para perfeccionar un liderazgo efectivo que puede ser la base para responder y recuperarse de cualquier crisis.

MANUEL ZAERA
Chief Customer Officer de Nationale-Nederlanden

«Nueva visión regeneradora y auténtica del liderazgo»

Salvador y el resto de otros autores nos invitan con una gran maestría a descubrir una nueva visión regeneradora y auténtica del liderazgo. Una visión que ha venido para quedarse. El rol tradicional del «jefe» ha cambiado.

Son nuestros valores, nuestras emociones, autenticidad, generosidad y, en definitiva, nuestro SER, lo que impacta en los demás. Sin duda, «lo más efectivo para liderar es potenciar lo que ya somos».

SILVIA ESCRIBANO
Experta en Neurocoaching y autora de
Entre la ciencia y la vida (Alienta 2015)

«Un libro intenso para subrayar»

Por fin un libro que une el auto-liderazgo con el liderazgo de personas. El segundo no puede existir sin el primero. Es un disfrute leer un compendio de las diferentes cualidades humanas y técnicas para ejercer el liderazgo, desmitificando el que hay que «nacer» con ellas, y poniendo en el suelo los cimientos para una construcción desde la conciencia, el compromiso y la responsabilidad de mejorar continuamente.

Es un libro intenso. Y si el valor está en lo que se subraya; prepárese a subrayar, anotar y resaltar múltiples ideas que le ayudarán a desarrollar tanto su liderazgo interior, como el exterior, tanto a nivel estratégico, operativo y sobre todo de personas, equipos y organizaciones.

Gracias por este regalo intelectual, espiritual y práctico. Me he quedado impresionado por los diferentes ángulos desde donde se enfoca el liderazgo. Y lo que más me ha gustado es ese enfoque de auto-liderazgo, con la dimensión humanista y espiritual justa, de autoconocimiento y de auto-gestión. Cubrís todos los aspectos.

Luego pasáis al equipo y más tarde a la organización. Es un viaje perfecto, con orden, y como construyendo un edificio conceptual para que el lector reflexione; pero a la vez, evolucione en su visión del liderazgo. Gracias por regalarnos todo ese conocimiento, frases, experiencias de emprendedores, y enfoques de expertos y organizaciones creadas por ellos.

Es un libro para leer, subrayar y reflexionar. Hasta para hacer un curso intenso y despertar a muchos que se autodenominan líderes y que les falta muchas caras de ese cubo.

Juan Ferrer
Consultor, formador y *speaker* especializado en
Gestión del Cambio

«Esperamos ya la segunda parte»

Estupendas reflexiones sobre el liderazgo visto por los anglosajones realizadas por autores a los que mucho aprecio.

Numerosos directivos esperan ya con interés la ineludible segunda parte de este libro en el que se analicen las aportaciones de los pensadores españoles.

Con más motivo al ser Salvador Molina el inspirador de obras emblemáticas como *Los imprescindibles del management*.

JAVIER FERNÁNDEZ AGUADO
Socio Director de MindValue y Director de la Cátedra
de Management Fundación Bancaria la Caixa de la
IE Business School

«Disfrutad del cambio»

Si hay algo permanente en nuestra existencia es el cambio.

Ser conscientes del cambio, de nuestra necesidad de cambiar, de cómo las circunstancias exteriores y las personas que nos rodean cambian constantemente y ajustarnos y adaptarnos a esa corriente, para mí es la esencia del crecimiento personal.

Al mismo tiempo encontrar cuáles son las directrices, el pensamiento guía, la inspiración que nos mueve en nuestro cambio nos convierte en maestros de nosotros mismos. Ser capaces de encontrar esas directrices, esos pensamientos guía y esas inspiraciones para los demás en sus procesos de cambio es la esencia del liderazgo.

Todo un referente como Salvador Molina nos guía a través de este universo que él conoce tan bien. ¡¡¡Disfrutad del viaje!!!

Fernando Cayo
Actor